# 2016

# 中国卫生和计划生育统计提要

# China Health and Family Planning Statistical Digest

国家卫生和计划生育委员会 编

National Health and Family Planning Commission

中国协和医科大学出版社

Peking Union Medical College Press

**图书在版编目（CIP）数据**

2016中国卫生和计划生育统计提要 / 国家卫生和计划生育委员会编. —北京：中国协和医科大学出版社，2016

ISBN 978-7-5679-0552-8

Ⅰ. ①2… Ⅱ. ①国… Ⅲ. ①卫生统计-统计资料-中国-2016 ②计划生育-统计资料-中国-2016 Ⅳ. ①R195.1 ②C924.2

中国版本图书馆CIP数据核字（2016）第106330号

**2016中国卫生和计划生育统计提要**

编　　者：国家卫生和计划生育委员会
责任编辑：吴桂梅　孙阳鹏

出版发行：中国协和医科大学出版社
（北京东单三条九号　邮编100730　电话65260378）
网　　址：www.pumcp.com
经　　销：新华书店总店北京发行所
印　　刷：北京佳艺恒彩印刷有限公司

开　　本：850×1168　1/32开
印　　张：6.375
字　　数：150千字
版　　次：2016年5月第1版　　2016年5月第1次印刷
定　　价：42.00元

ISBN 978-7-5679-0552-8

# 《中国卫生和计划生育统计提要·2016》
# 编辑部



## China Health and Family Planning Statistical Digest·2016
## Editorial Department

# 编者说明

一、2015年部分数据为初步统计数，调整数见《中国卫生和计划生育统计年鉴·2016》。

二、全国性统计指标均未包括香港、澳门特别行政区和台湾省数据。

三、本资料数据主要来源于统计年报和抽样调查。香港、澳门特别行政区和台湾省数据及附录摘自《中国统计年鉴》和《世界卫生统计》。

四、指标解释

（一）医疗卫生机构包括医院、基层医疗卫生机构、专业公共卫生机构和其他机构。

（二）医院包括综合医院、中医医院、中西医结合医院、民族医医院、各类专科医院和护理院，不包括专科疾病防治院、妇幼保健院和疗养院。医院可分为公立医院和民营医院。

1．公立医院指经济类型为国有和集体办的医院。

2．民营医院指公立医院以外的其他医院，包括联营、股份合作、私营、台港澳投资和外国投资等医院。

（三）基层医疗卫生机构包括社区卫生服务中心（站）、乡镇(街道)卫生院、村卫生室、门诊部、诊所（医务室），可分为政府办基层医疗卫生机构和非政府办基层医疗卫生机构。政府办基层医疗卫生机构包括政府举办的社区卫生服务中心（站）、乡镇(街道)卫生院。

（四）专业公共卫生机构包括疾病预防控制中心、专科疾病防治机构、健康教育机构、妇幼保健机构、急救中心（站）、采供血机构、卫生监督机构、计划生育技术服务机构。

（五）东部地区包括北京、天津、河北、辽宁、上海、江苏、浙江、福建、山东、广东、海南 11 个省（市），中部地区包括黑龙江、吉林、山西、安徽、江西、河南、湖北、湖南 8 个省，西部地区包括内蒙古、广西、重庆、四川、贵州、云南、西藏、陕西、甘肃、青海、宁夏、新疆 12 个省(区、市)。

（六）城市包括直辖市和地级市辖区。农村包括县及县级市。

五、“－”表示无数字，“…”表示数字不详，“#”表示其中项。

国家卫生计生委统计信息中心

2016 年 5 月

# Editor's Note

Ⅰ. Due to time limit, some data for 2015 are preliminary statistics. The adjusted data will be in "China Health and Family Planning Statistical Yearbook 2016".

Ⅱ. National data in this book do not include that of Hong Kong Special Administrative Region, Macao Special Administrative Region, and Taiwan Province.

Ⅲ. Major data are obtained from annual statistical reports and sample surveys. Appendix and data of Hong Kong Special Administrative Region, Macao Special Administrative Region and Taiwan Province are collected from China Statistical Yearbook and World Health Statistics.

Ⅳ. Notes on Main Statistical Indicators

1. Health care institutions include hospitals, grass-roots health care institutions, specialized public health institutions, and other health care institutions.

2. Hospitals include general hospitals, TCM(Traditional Chinese Medicine) hospitals, hospitals of Integrated Chinese and Western Medicine, hospitals of traditional ethnic medicine, various specialized hospitals and nursing homes, do not include specialized disease prevention and treatment institutions, MCH institutions and sanatoriums. Hospitals can be classified into public hospitals and non-public hospitals.

(1) Public hospitals refer to state-owned and collective-owned hospitals.

(2) Non-public hospitals refer to hospitals domestic-funded by ownerships of joint, cooperative, private, and all other hospitals funded by Hong Kong, Macao, Taiwan, and foreign countries.

3. Grass-roots health care institutions include community health centers (stations), township (sub-district) health centers, village clinics, outpatient departments, and clinics. Government-run grass-roots health care institutions

include government-run community health centers (stations), and township (sub-district) health centers.

4. Specialized public health institutions include CDC, specialized disease prevention and treatment institutions, health education institutions, MCH institutions, emergency centers and first-aid stations, blood gathering and supplying institutions, health inspection institutions, and centers for family planning technical services .

5. Eastern region includes 11 provinces (municipalities): Beijing, Tianjin, Hebei, Liaoning, Shanghai, Jiangsu, Zhejiang, Fujian, Shandong, Guangdong and Hainan; Central region includes 8 provinces: Shanxi, Jilin, Heilongjiang, Anhui, Jiangxi, Henan, Hubei, and Hunan; Western region includes 12 provinces (autonomous regions/municipalities): Inner Mongolia, Guangxi, Chongqing, Sichuan, Guizhou, Yunnan, Tibet, Shaanxi, Gansu, Qinghai, Ningxia and Xinjiang.

6. Urban area refers to municipalities and prefecture level cities; rural area refers to counties and county-level cities.

Ⅴ. Use of Symbols: "—" indicates no figure; "…" indicates data not available; "#" indicates the major items of the total.

Center for Health Statistics and Information, NHFPC

May 2016

# 目　录
# Contents

**三、医疗服务（医院）**

**Health Services (Hospitals)**

**七、基本医疗保障**

**Basic Medical Security**



**八、卫生资源**

**Health Resources**

**附录 1：香港和澳门特别行政区与台湾省卫生状况**

Appendix I: Health Status of Hong Kong, Macao Special Administrative Region and Taiwan Province



**附录 2：主要国家卫生状况**

**Appendix II: Health Status of Main Countries**

**附录 3：我国主要人口与社会经济指标**

**Appendix Ⅲ: Main Indicators of Population, Society and Economy of China**

# 一、居民健康状况

Health Status of Population

## 人均预期寿命（岁）

Life Expectancy at Birth（Year）

| 年份<br>Year | 资料来源<br>Data Source | 合计<br>Total | 男<br>Male | 女<br>Female |
|---|---|---|---|---|
| 2000 | 全国第五次人口普查<br>The 5th National Population Census of the P.R.C. | 71.4 | 69.6 | 73.3 |
| 2005 | 人口变动情况抽样调查<br>The Sample Survey of Population Changes | 73.0 | 71.0 | 74.0 |
| 2010 | 全国第六次人口普查<br>The 6th National Population Census of the P.R.C. | 74.8 | 72.4 | 77.4 |
| 2015 | 人口变动情况抽样调查<br>The Sample Survey of Population Changes | 76.3 | — | — |

注：人均预期寿命指出生时预期寿命。

## 人口出生率、死亡率和自然增长率

Birth, Death and Natural Increase Rate

| 年份<br>Year | 出生率<br>Birth Rate<br>(‰) | 死亡率<br>Death Rate<br>(‰) | 自然增长率<br>Natural Increase Rate<br>(‰) |
|---|---|---|---|
| 2000 | 14.0 | 6.45 | 7.58 |
| 2005 | 12.4 | 6.51 | 5.89 |
| 2010 | 11.9 | 7.11 | 4.79 |
| 2011 | 11.9 | 7.14 | 4.79 |
| 2012 | 12.1 | 7.15 | 4.95 |
| 2013 | 12.1 | 7.16 | 4.92 |
| 2014 | 12.4 | 7.16 | 5.21 |
| 2015 | 12.1 | 7.11 | 4.96 |

资料来源：《中国统计年鉴》。 Source: China Statistical Yearbook.

# 各地区人均预期寿命、出生率和死亡率

Life Expectancy at Birth, Birth and Death Rate by Region

| 地区 Region | | 人均预期寿命(岁) Life Expectancy at Birth (Year) | | 出生率 Birth Rate (‰) | | 死亡率 Death Rate (‰) | |
|---|---|---|---|---|---|---|---|
| | | 2000 | 2010 | 2013 | 2014 | 2013 | 2014 |
| **总　计** | Total | **71.40** | **74.83** | **12.10** | **12.37** | **7.16** | **7.16** |
| 北　京 | Beijing | 76.10 | 80.18 | 8.93 | 9.75 | 4.52 | 4.92 |
| 天　津 | Tianjin | 74.91 | 78.89 | 8.28 | 8.19 | 6.00 | 6.05 |
| 河　北 | Hebei | 72.54 | 74.97 | 13.04 | 13.18 | 6.87 | 6.23 |
| 山　西 | Shanxi | 71.65 | 74.92 | 10.81 | 10.92 | 5.57 | 5.93 |
| 内蒙古 | Inner Mongolia | 69.87 | 74.44 | 8.98 | 9.31 | 5.62 | 5.75 |
| 辽　宁 | Liaoning | 73.34 | 76.38 | 6.09 | 6.49 | 6.12 | 6.23 |
| 吉　林 | Jilin | 73.10 | 76.18 | 5.36 | 6.62 | 5.04 | 6.22 |
| 黑龙江 | Heilongjiang | 72.37 | 75.98 | 6.86 | 7.37 | 6.08 | 6.46 |
| 上　海 | Shanghai | 78.14 | 80.26 | 8.18 | 8.35 | 5.24 | 5.21 |
| 江　苏 | Jiangsu | 73.91 | 76.63 | 9.44 | 9.45 | 7.01 | 7.02 |
| 浙　江 | Zhejiang | 74.70 | 77.73 | 10.01 | 10.51 | 5.45 | 5.51 |
| 安　徽 | Anhui | 71.85 | 75.08 | 12.88 | 12.86 | 6.06 | 5.89 |
| 福　建 | Fujian | 72.55 | 75.76 | 12.20 | 13.70 | 6.01 | 6.20 |
| 江　西 | Jiangxi | 68.95 | 74.33 | 13.19 | 13.24 | 6.28 | 6.26 |
| 山　东 | Shandong | 73.92 | 76.46 | 11.41 | 14.23 | 6.40 | 6.84 |

资料来源：《中国统计年鉴》，系第五、六次人口普查数。

Source: China Statistical Yearbook.

## 续表 Continued

| 地区 Region | 人均预期寿命(岁) Life Expectancy at Birth (Year) | | 出生率 Birth Rate (‰) | | 死亡率 Death Rate (‰) | |
|---|---|---|---|---|---|---|
| | 2000 | 2010 | 2013 | 2014 | 2013 | 2014 |
| 河　南 Henan | 71.54 | 74.57 | 12.27 | 12.80 | 6.76 | 7.02 |
| 湖　北 Hubei | 71.08 | 74.87 | 11.08 | 11.86 | 6.15 | 6.96 |
| 湖　南 Hunan | 70.66 | 74.70 | 13.50 | 13.52 | 6.96 | 6.89 |
| 广　东 Guangdong | 73.27 | 76.49 | 10.71 | 10.80 | 4.69 | 4.70 |
| 广　西 Guangxi | 71.29 | 75.11 | 14.28 | 14.07 | 6.35 | 6.21 |
| 海　南 Hainan | 72.92 | 76.30 | 14.59 | 14.56 | 5.90 | 5.95 |
| 重　庆 Chongqing | 71.73 | 75.70 | 10.37 | 10.67 | 6.77 | 7.05 |
| 四　川 Sichuan | 71.20 | 74.75 | 9.90 | 10.22 | 6.90 | 7.02 |
| 贵　州 Guizhou | 65.96 | 71.10 | 13.05 | 12.98 | 7.15 | 7.18 |
| 云　南 Yunnan | 65.49 | 69.54 | 12.60 | 12.65 | 6.43 | 6.45 |
| 西　藏 Tibet | 64.37 | 68.17 | 15.77 | 15.76 | 5.39 | 5.21 |
| 陕　西 Shaanxi | 70.07 | 74.68 | 10.01 | 10.13 | 6.15 | 6.26 |
| 甘　肃 Gansu | 67.47 | 72.23 | 12.16 | 12.21 | 6.08 | 6.11 |
| 青　海 Qinghai | 66.03 | 69.96 | 14.16 | 14.67 | 6.13 | 6.18 |
| 宁　夏 Ningxia | 70.17 | 73.38 | 13.12 | 13.10 | 4.50 | 4.53 |
| 新　疆 Xinjiang | 67.41 | 72.35 | 15.84 | 16.44 | 4.92 | 4.97 |

# 监测地区孕产妇及5岁以下儿童死亡率

Maternal and Under-five Mortality in Surveillance Region

| 指标 Indicator | 2010 | 2011 | 2012 | 2013 | 2014 | 2015 |
|---|---|---|---|---|---|---|
| **孕产妇死亡率(1/10万)** Maternal Mortality Rate (Per 100000 Live Births) | **30.0** | **26.1** | **24.5** | **23.2** | **21.7** | **20.1** |
| 城市 Urban | 29.7 | 25.2 | 22.2 | 22.4 | 20.5 | 19.8 |
| 农村 Rural | 30.1 | 26.5 | 25.6 | 23.6 | 22.2 | 20.2 |
| **5岁以下儿童死亡率(‰)** Under 5 Mortality Rate (Per 1000 Live Births) | **16.4** | **15.6** | **13.2** | **12.0** | **11.7** | **10.7** |
| 城市 Urban | 7.3 | 7.1 | 5.9 | 6.0 | 5.9 | 5.8 |
| 农村 Rural | 20.1 | 19.1 | 16.2 | 14.5 | 14.2 | 12.9 |
| **婴儿死亡率(‰)** Infant Mortality Rate (Per 1000 Live Births) | **13.1** | **12.1** | **10.3** | **9.5** | **8.9** | **8.1** |
| 城市 Urban | 5.8 | 5.8 | 5.2 | 5.2 | 4.8 | 4.7 |
| 农村 Rural | 16.1 | 14.7 | 12.4 | 11.3 | 10.7 | 9.6 |
| **新生儿死亡率(‰)** Neonatal Mortality Rate (Per 1000 Live Births) | **8.3** | **7.8** | **6.9** | **6.3** | **5.9** | **5.4** |
| 城市 Urban | 4.1 | 4.0 | 3.9 | 3.7 | 3.5 | 3.3 |
| 农村 Rural | 10.0 | 9.4 | 8.1 | 7.3 | 6.9 | 6.4 |

补充资料：新中国成立前孕产妇死亡率为150/万。

Note: Maternal mortality rate prior to 1949 was 150 per 10000 live births.

## 监测地区孕产妇死亡原因（2015年）

Leading Causes of Maternal Mortality in Surveillance Region (2015)

| 疾病名称 Diseases | 合计 Total | | | 城市 Urban | | | 农村 Rural | | |
|---|---|---|---|---|---|---|---|---|---|
| | 位次 Rank | 孕产妇死亡率 Maternal Mortality Rate (1/100000) | 构成 (%) | 位次 Rank | 孕产妇死亡率 Maternal Mortality Rate (1/100000) | 构成 (%) | 位次 Rank | 孕产妇死亡率 Maternal Mortality Rate (1/100000) | 构成 (%) |
| **总计** Total | | **20.1** | **100.0** | | **19.8** | **100.0** | | **20.2** | **100.0** |
| 产科出血 Obstetrics Hemorrhage | 1 | 4.2 | 21.1 | 2 | 3.5 | 17.9 | 1 | 4.5 | 22.5 |
| 心脏病 Heart Disease | 2 | 3.3 | 16.4 | 1 | 5.2 | 26.2 | 3 | 2.4 | 12.0 |
| 妊娠期高血压疾病 Pregnancy Induced Hypertention | 3 | 2.3 | 11.6 | 4 | 0.9 | 4.8 | 2 | 3.0 | 14.7 |
| 羊水栓塞 Amniotic FluidEmbolism | 4 | 1.9 | 9.5 | 5 | 0.7 | 3.6 | 3 | 2.4 | 12.0 |
| 静脉血栓形成及肺栓塞症 Plumonary Embolism in Pregnancy | 5 | 1.2 | 6.2 | 3 | 1.2 | 6 | 4 | 1.3 | 6.3 |
| 肝脏疾病 Liver Disease | 6 | 1.0 | 4.7 | 5 | 0.7 | 3.6 | 5 | 1.1 | 5.2 |

注：本表数据为初步结果。Note：Data in this table are preliminary results.

## 部分地区居民前十位疾病死亡专率及死因构成(2015年)
Mortality Rate of 10 Main Diseases in Certain Region (2015)

| 顺位<br>Rank | 城市 Urban | | | 农村 Rural | | |
|---|---|---|---|---|---|---|
| | 死亡原因<br>Causes<br>(ICD-10) | 死亡专率<br>Mortality<br>Rate<br>(1/100000) | 构成<br>(%) | 死亡原因<br>Causes<br>(ICD-10) | 死亡专率<br>Mortality<br>Rate<br>(1/100000) | 构成<br>(%) |
| 1 | 恶性肿瘤<br>Malignant Neoplasms | 160.93 | 26.26 | 恶性肿瘤<br>Malignant Neoplasms | 153.99 | 23.23 |
| 2 | 心脏病<br>Heart Disease | 135.85 | 22.17 | 脑血管病<br>Cerebrovascular Disease | 153.63 | 23.17 |
| 3 | 脑血管病<br>Cerebrovascular Disease | 126.60 | 20.66 | 心脏病<br>Heart Disease | 144.79 | 21.84 |
| 4 | 呼吸系病<br>Diseases of the Respiratory System | 72.53 | 11.84 | 呼吸系病<br>Diseases of the Respiratory System | 79.97 | 12.06 |
| 5 | 损伤及中毒<br>Injury & Poisoning | 37.18 | 6.07 | 损伤及中毒<br>Injury & Poisoning | 53.49 | 8.07 |
| 6 | 内分泌营养和代谢病<br>Endocrine,Nutritional & Metabolic Diseases | 18.80 | 3.07 | 消化系病<br>Diseases of the Digestive System | 14.28 | 2.15 |
| 7 | 消化系病<br>Diseases of the Digestive System | 14.10 | 2.30 | 内分泌营养和代谢病<br>Endocrine,Nutritional & Metabolic Diseases | 14.16 | 2.14 |
| 8 | 神经系病<br>Diseases of the Nervous System | 6.72 | 1.10 | 传染病<br>Infectious Disease | 7.72 | 1.16 |
| 9 | 传染病<br>Infectious Disease | 6.57 | 1.07 | 泌尿生殖系病<br>Diseases of the Genitourinary System | 7.20 | 1.09 |
| 10 | 泌尿生殖系病<br>Diseases of the Genitourinary System | 6.51 | 1.06 | 神经系病<br>Diseases of the Nervous System | 6.50 | 0.98 |
| | **十种死因合计 Total** | | **95.60** | **十种死因合计 Total** | | **95.89** |

注：①本表系605个死因监测点初步结果；②农村包括县及县级市；下表同。

Note: ①This table is the preliminary statistics of 605 Death Surveillance Points; ②Rural areas include county and county-level cities; The next table is the same.

## 续表1 Continued

| | 城市男性 Urban-Male | | | 农村男性 Rural-Male | | |
|---|---|---|---|---|---|---|
| | 死亡原因 Causes (ICD-10) | 死亡专率 Mortality Rate (1/100000) | 构成 (%) | 死亡原因 Causes (ICD-10) | 死亡专率 Mortality Rate (1/100000) | 构成 (%) |
| 1 | 恶性肿瘤 Malignant Neoplasms | 202.84 | 28.87 | 恶性肿瘤 Malignant Neoplasms | 198.14 | 26.07 |
| 2 | 心脏病 Heart Disease | 140.54 | 20.00 | 脑血管病 Cerebrovascular Disease | 169.27 | 22.28 |
| 3 | 脑血管病 Cerebrovascular Disease | 140.14 | 19.94 | 心脏病 Heart Disease | 148.22 | 19.51 |
| 4 | 呼吸系病 Diseases of the Respiratory System | 83.80 | 11.93 | 呼吸系病 Diseases of the Respiratory System | 88.48 | 11.64 |
| 5 | 损伤及中毒 Injury & Poisoning | 48.70 | 6.93 | 损伤及中毒 Injury & Poisoning | 72.12 | 9.49 |
| 6 | 内分泌营养和代谢病 Endocrine,Nutritional & Metabolic Diseases | 18.07 | 2.57 | 消化系病 Diseases of the Digestive System | 18.20 | 2.39 |
| 7 | 消化系病 Diseases of the Digestive System | 17.57 | 2.50 | 内分泌营养和代谢病 Endocrine,Nutritional & Metabolic Diseases | 12.52 | 1.65 |
| 8 | 传染病 Infectious disease | 9.13 | 1.30 | 传染病 Infectious disease | 10.55 | 1.39 |
| 9 | 泌尿生殖系病 Diseases of the Genitourinary System | 7.48 | 1.06 | 泌尿生殖系病 Diseases of the Genitourinary System | 8.39 | 1.10 |
| 10 | 神经系病 Diseases of the Nervous System | 6.96 | 0.99 | 神经系病 Diseases of the Nervous System | 6.64 | 0.87 |
| | **十种死因合计 Total** | | **96.10** | **十种死因合计 Total** | | **96.40** |

## 续表2 Continued

| | 城市女性 Urban-Female | | | 农村女性 Rural-Female | | |
|---|---|---|---|---|---|---|
| | 死亡原因 Causes (ICD-10) | 死亡专率 Mortality Rate (1/100000) | 构成 (%) | 死亡原因 Causes (ICD-10) | 死亡专率 Mortality Rate (1/100000) | 构成 (%) |
| 1 | 心脏病 Heart Disease | 131.05 | 25.16 | 心脏病 Heart Disease | 141.22 | 25.11 |
| 2 | 恶性肿瘤 Malignant Neoplasms | 118.05 | 22.67 | 脑血管病 Cerebrovascular Disease | 137.43 | 24.43 |
| 3 | 脑血管病 Cerebrovascular Disease | 112.76 | 21.65 | 恶性肿瘤 Malignant Neoplasms | 108.24 | 19.24 |
| 4 | 呼吸系病 Diseases of the Respiratory System | 60.99 | 11.71 | 呼吸系病 Diseases of the Respiratory System | 71.14 | 12.65 |
| 5 | 损伤及中毒 Injury & Poisoning | 25.40 | 4.88 | 损伤及中毒 Injury and Poisoning | 34.17 | 6.08 |
| 6 | 内分泌营养和代谢病 Endocrine,Nutritional & Metabolic Diseases | 19.55 | 3.75 | 内分泌营养和代谢病 Endocrine,Nutritional & Metabolic Diseases | 16.11 | 2.86 |
| 7 | 消化系病 Diseases of the Digestive System | 10.56 | 2.03 | 消化系病 Diseases of the Digestive System | 9.98 | 1.77 |
| 8 | 神经系病 Diseases of the Nervous System | 6.48 | 1.24 | 神经系病 Diseases of the Nervous System | 6.37 | 1.13 |
| 9 | 泌尿生殖系病 Diseases of the Genitourinary System | 5.51 | 1.06 | 泌尿生殖系病 Diseases of the Genitourinary System | 5.96 | 1.06 |
| 10 | 传染病 Infectious Disease | 3.96 | 0.76 | 传染病 Infectious Disease | 4.78 | 0.85 |
| | **十种死因合计 Total** | | **94.91** | **十种死因合计 Total** | | **95.19** |

## 28种传染病报告发病及死亡数（2015年）

Number of Reported Cases and Deaths of 28 Infectious Diseases (2015)

| 疾病名称<br>Diseases | 发病例数<br>Number of Cases | 死亡人数<br>Number of Deaths |
|---|---|---|
| **总计 Total** | 3046447 | 16584 |
| 鼠疫 The Plague | — | — |
| 霍乱 Cholera | 13 | — |
| 传染性非典型肺炎 SARS | — | — |
| 艾滋病 AIDS | 50330 | 12755 |
| 病毒性肝炎 Viral Hepatitis | 1218946 | 474 |
| 脊髓灰质炎 Poliomyelitis | — | — |
| 人感染高致病性禽流感 HpAI | 6 | 3 |
| 麻疹 Measles | 42361 | 32 |
| 流行性出血热 Hemorrhage Fever | 10314 | 62 |
| 狂犬病 Hydrophobia | 801 | 744 |
| 流行性乙型脑炎 Encephalitis B | 624 | 19 |
| 登革热 Dengue Fever | 3858 | — |
| 炭疽 Anthrax | 288 | 1 |
| 细菌性和阿米巴性痢疾 Dysentery | 138917 | 7 |
| 肺结核 Pulmonary Tuberculosis | 864015 | 2280 |
| 伤寒和副伤寒 Typhoid and Paratyphoid Fever | 11637 | 1 |
| 流行性脑脊髓膜炎 Epidemic Encephalitis | 106 | 13 |
| 百日咳 pertussis | 6658 | 2 |
| 白喉 Diphtheria | — | — |
| 新生儿破伤风 Neonatal Tetanus | 306 | 17 |
| 猩红热 Scarlet Fever | 68249 | 1 |
| 布鲁氏菌病 Brucellosis | 56989 | 1 |
| 淋病 Gonorrhea | 100245 | 1 |
| 梅毒 Syphilis | 433974 | 58 |
| 钩端螺旋体病 Leptospirosis | 355 | 1 |
| 血吸虫病 Schistosomiasis | 34143 | — |
| 疟疾 Malaria | 3116 | 20 |
| 人感染H7N9禽流感 Avian influenza(H7N9) | 196 | 92 |

# 28种传染病报告发病率及死亡率（2015年）

## Reported Morbidity and Mortality Rates of 28 Infectious Diseases (2015)

| 疾病名称 Diseases | 发病率 Morbidity Rate (1/100000) | 死亡率 Mortality Rate (1/100000) |
|---|---|---|
| **总计 Total** | **223.60** | **1.22** |
| 鼠疫 The Plague | — | — |
| 霍乱 Cholera | 0.00 | — |
| 传染性非典型肺炎 SARS | — | — |
| 艾滋病 AIDS | 3.69 | 0.94 |
| 病毒性肝炎 Viral Hepatitis | 89.47 | 0.04 |
| 脊髓灰质炎 Poliomyelitis | — | — |
| 人感染高致病性禽流感 HpAI | 0.01 | 0.01 |
| 麻疹 Measles | 3.14 | 0.00 |
| 流行性出血热 Hemorrhage Fever | 0.76 | 0.00 |
| 狂犬病 Hydrophobia | 0.06 | 0.06 |
| 流行性乙型脑炎 Encephalitis B | 0.05 | 0.00 |
| 登革热 Dengue Fever | 0.28 | — |
| 炭疽 Anthrax | 0.02 | 0.00 |
| 细菌性和阿米巴性痢疾 Dysentery | 10.20 | 0.00 |
| 肺结核 Pulmonary Tuberculosis | 63.42 | 0.17 |
| 伤寒和副伤寒 Typhoid and Paratyphoid Fever | 0.85 | 0.00 |
| 流行性脑脊髓膜炎 Epidemic Encephalitis | 0.01 | 0.00 |
| 百日咳 Pertussis | 0.49 | 0.00 |
| 白喉 Diphtheria | — | — |
| 新生儿破伤风 Neonatal Tetanus | 0.02 | 0.00 |
| 猩红热 Scarlet Fever | 5.01 | 0.00 |
| 布鲁氏菌病 Brucellosis | 4.18 | 0.00 |
| 淋病 Gonorrhea | 7.36 | 0.00 |
| 梅毒 Syphilis | 31.85 | 0.00 |
| 钩端螺旋体病 Leptospirosis | 0.03 | 0.00 |
| 血吸虫病 Schistosomiasis | 2.51 | — |
| 疟疾 Malaria | 0.23 | 0.00 |
| 人感染H7N9禽流感 Avian influenza A(H7N9) | 0.00 | 0.00 |

注：新生儿破伤风发病率和死亡率单位为‰。Note: Figures of morbidity and mortality rates of neonatal tetanus are culculated per 1000 population aged 1 year.

## 青少年、儿童身体发育情况（城市）

### Physical Development of Children and Adolescents (Urban)

| 年龄(岁) Age (Year) | 男性 Male | | | | 女性 Female | | | |
|---|---|---|---|---|---|---|---|---|
| | 平均体重 Mean of Weight (kg) | | 平均身高 Mean of Height (cm) | | 平均体重 Mean of Weight (kg) | | 平均身高 Mean of Height (cm) | |
| | 2002 | 2012 | 2002 | 2012 | 2002 | 2012 | 2002 | 2012 |
| 6 | — | 24.6 | — | 122.1 | — | 23.3 | — | 120.6 |
| 7 | 24.8 | 26.2 | 124.0 | 126.0 | 23.2 | 24.5 | 122.6 | 124.4 |
| 8 | 27.2 | 29.7 | 129.0 | 131.4 | 26.0 | 28.0 | 128.3 | 130.5 |
| 9 | 30.4 | 33.1 | 134.4 | 136.1 | 28.6 | 31.4 | 133.5 | 136.0 |
| 10 | 33.8 | 37.3 | 139.6 | 141.7 | 32.8 | 34.5 | 139.9 | 141.4 |
| 11 | 37.4 | 41.8 | 144.9 | 147.5 | 36.7 | 40.1 | 145.8 | 148.5 |
| 12 | 40.5 | 45.2 | 149.5 | 153.3 | 40.5 | 43.9 | 150.5 | 152.8 |
| 13 | 44.9 | 50.6 | 156.6 | 160.0 | 44.5 | 47.5 | 154.5 | 156.6 |
| 14 | 49.4 | 56.2 | 162.0 | 165.6 | 47.2 | 50.5 | 157.2 | 158.6 |
| 15 | 55.2 | 57.7 | 167.6 | 167.7 | 50.8 | 51.5 | 158.3 | 158.8 |
| 16 | 57.2 | 60.4 | 168.4 | 170.1 | 52.2 | 52.9 | 158.8 | 159.6 |
| 17 | 58.7 | 61.7 | 170.2 | 171.0 | 51.9 | 52.7 | 158.6 | 159.3 |
| 18 | 60.9 | — | 170.8 | — | 51.9 | — | 158.8 | — |
| 19 | 61.2 | — | 170.4 | — | 51.8 | — | 159.6 | — |

资料来源：①2002年全国营养抽样调查；②2012年数据摘自《2015年中国居民营养与慢性病状况报告》。

Source: ①National Nutrition Sampling Survey in 2002；②The data in 2012 is from《Report on the status of nutrition and chronic diseases of China in 2015》。

## 青少年、儿童身体发育情况（农村）
Physical Development of Children and Adolescents (Rural)

| 年龄(岁) Age (Year) | 男性 Male | | | | 女性 Female | | | |
|---|---|---|---|---|---|---|---|---|
| | 平均体重 Mean of Weight (kg) | | 平均身高 Mean of Height (cm) | | 平均体重 Mean of Weight (kg) | | 平均身高 Mean of Height (cm) | |
| | 2002 | 2012 | 2002 | 2012 | 2002 | 2012 | 2002 | 2012 |
| 6 | — | 22.4 | — | 118.4 | — | 21.6 | — | 117.5 |
| 7 | 21.7 | 24.9 | 119.6 | 123.9 | 20.6 | 23.7 | 118.2 | 122.6 |
| 8 | 23.9 | 27.4 | 124.6 | 128.7 | 22.9 | 26.6 | 123.8 | 128.0 |
| 9 | 26.1 | 30.8 | 129.1 | 133.3 | 25.4 | 29.0 | 128.8 | 133.1 |
| 10 | 28.6 | 34.0 | 134.2 | 138.4 | 28.2 | 33.1 | 134.3 | 139.2 |
| 11 | 31.9 | 37.8 | 139.2 | 144.0 | 31.8 | 36.3 | 140.0 | 144.4 |
| 12 | 35.4 | 41.8 | 144.5 | 149.6 | 35.8 | 41.0 | 145.4 | 149.8 |
| 13 | 39.3 | 46.3 | 149.9 | 155.9 | 40.5 | 44.8 | 150.1 | 153.5 |
| 14 | 45.1 | 50.7 | 157.2 | 161.3 | 44.1 | 47.7 | 153.2 | 156.0 |
| 15 | 48.6 | 54.0 | 161.4 | 165.2 | 46.7 | 50.0 | 154.8 | 156.9 |
| 16 | 53.0 | 56.3 | 165.2 | 166.8 | 49.2 | 50.8 | 156.0 | 157.5 |
| 17 | 54.9 | 58.0 | 166.3 | 168.3 | 51.2 | 51.6 | 157.0 | 158.1 |
| 18 | 56.8 | — | 167.2 | — | 51.7 | — | 157.5 | — |
| 19 | 58.8 | — | 168.3 | — | 52.3 | — | 157.0 | — |

资料来源：①2002年全国营养抽样调查；②2012年数据摘自《2015年中国居民营养与慢性病状况报告》。

Source: ①National Nutrition Sampling Survey in 2002; ②The data in 2012 is from《Report on the status of nutrition and chronic diseases of China in 2015》。

## 居民人均每日营养摄入量

Daily Nutrient Intake per Capita

| 指标 Indicator | 1982 | 1992 | 2002 | 2012 |
|---|---|---|---|---|
| 热量(千卡) Energy (kcal) | 2485 | 2328 | 2250 | 2172 |
| 蛋白质(克) Protein (g) | 67 | 68 | 66 | 65 |

资料来源：1982、1992、2002、2012年全国营养抽样调查。

Source: National Nutrition Sampling Survey in 1982、1992、2002、2012.

## 居民人均每日营养摄入量（2012年）

Daily Nutrient Intake per Capita (2012)

| 项目<br>Item | 全国<br>Total | 城市<br>Urban | 农村<br>Rural |
|---|---|---|---|
| 热量(千卡) Energy (kcal) | 2172.0 | 2053.0 | 2286.0 |
| 蛋白质(克) Protein(g) | 64.5 | 65.4 | 63.6 |
| 脂肪(克) Fat(g) | 79.9 | 83.8 | 76.2 |
| 碳水化合物(克)carbohydrate(g) | 300.8 | 261.1 | 338.8 |
| 膳食纤维(克) dietary fiber(g) | 10.8 | 10.8 | 10.9 |
| 视黄醇当量(微克) Retinol Equivalent (μg) | 443.5 | 514.5 | 375.4 |
| 硫胺素(微克)Thiamine(μg) | 0.9 | 0.9 | 1.0 |
| 核黄素(毫克)riboflavin(mg) | 0.8 | 0.8 | 0.7 |
| 抗坏血酸(微克)ascorbic acid(μg) | 80.4 | 85.3 | 75.7 |
| 维生素E(毫克) Vitamin E (mg) | 35.9 | 37.5 | 34.3 |
| 钾(微克)potassium(μg) | 1616.9 | 1660.7 | 1574.3 |
| 钠(微克)sodium(μg) | 5702.7 | 5858.8 | 5554.6 |
| 钙(毫克) Calcium (mg) | 366.1 | 412.4 | 321.4 |
| 铁(毫克) Iron (mg) | 21.5 | 21.9 | 21.2 |
| 锌(微克)zinc(μg) | 10.7 | 10.6 | 10.8 |
| 铜(微克)copper(μg) | 1.9 | 1.8 | 2.0 |
| 硒(微克)selenium(μg) | 44.6 | 47.0 | 42.2 |

资料来源：数据摘自《2015年中国居民营养与慢性病状况报告》。

Source: Report on the status of nutrition and chronic diseases of China in 2015.

# 二、公共卫生服务

# Public Health Services

## 孕产妇保健情况

Statistics of Maternal Health Care

| 年份 Year | 住院分娩率 Institutional Delivery Rate (%) | | | 产前检查率 Prenatal Examination Rate (%) | 产后访视率 Postnatal Visit Rate (%) |
|---|---|---|---|---|---|
| | 总计 Total | 市 City | 县 County | | |
| 2010 | 97.8 | 99.2 | 96.7 | 94.1 | 90.8 |
| 2011 | 98.7 | 99.6 | 98.1 | 93.7 | 91.0 |
| 2012 | 99.2 | 99.7 | 98.8 | 95.0 | 92.6 |
| 2013 | 99.5 | 99.9 | 99.2 | 95.6 | 93.5 |
| 2014 | 99.6 | 99.9 | 99.4 | 96.2 | 93.9 |
| 2015 | 99.7 | 99.9 | 99.5 | 96.5 | 94.5 |

## 3岁以下儿童和孕产妇系统管理率

Systematic Management Rate of Maternal and Children Under-three

| 年份 Year | 3岁以下儿童系统管理率 Systematic Management Rate of Children Under-three (%) | 孕产妇系统管理率 Maternal Systematic Management Rate (%) |
|---|---|---|
| 2010 | 81.5 | 84.0 |
| 2011 | 84.6 | 85.2 |
| 2012 | 87.0 | 87.6 |
| 2013 | 89.0 | 89.5 |
| 2014 | 89.8 | 90.0 |
| 2015 | 90.7 | 91.5 |

# 各地区已婚育龄妇女避孕率（%）

## Contraceptive Prevalence Rate of Married Women at Childbearing Age by Region (%)

| 地区 | Region | 2010 | 2011 | 2012 | 2013 | 2014 | 2015 |
|---|---|---|---|---|---|---|---|
| **总计** | **Total** | **89.1** | **88.6** | **87.9** | **87.3** | **86.6** | **86.1** |
| 北京 | Beijing | 84.6 | 83.6 | 82.7 | 79.0 | 78.3 | 76.6 |
| 天津 | Tianjin | 90.7 | 91.0 | 91.2 | 91.3 | 90.5 | 90.2 |
| 河北 | Hebei | 90.8 | 91.2 | 90.9 | 90.9 | 90.8 | 90.8 |
| 山西 | Shanxi | 90.1 | 91.3 | 91.4 | 92.8 | 91.2 | 91.0 |
| 内蒙古 | Inner Mongolia | 91.5 | 90.7 | 90.6 | 90.1 | 89.8 | 90.0 |
| 辽宁 | Liaoning | 88.2 | 88.2 | 85.9 | 87.1 | 86.0 | 85.0 |
| 吉林 | Jilin | 89.9 | 89.6 | 89.8 | 89.8 | 89.5 | 89.4 |
| 黑龙江 | Heilongjiang | 92.6 | 92.1 | 91.7 | 91.3 | 91.2 | 90.8 |
| 上海 | Shanghai | 82.8 | 80.5 | 81.6 | 83.1 | 81.0 | 78.8 |
| 江苏 | Jiangsu | 90.0 | 89.4 | 88.2 | 88.2 | 88.4 | 88.5 |
| 浙江 | Zhejiang | 88.6 | 88.0 | 87.4 | 87.1 | 86.1 | 86.2 |
| 安徽 | Anhui | 90.4 | 89.8 | 89.3 | 88.6 | 89.7 | 90.1 |
| 福建 | Fujian | 81.6 | 82.8 | 82.3 | 81.4 | 80.3 | 79.3 |
| 江西 | Jiangxi | 93.9 | 94.6 | 94.6 | 90.4 | 82.2 | 83.6 |
| 山东 | Shandong | 89.6 | 87.9 | 90.3 | 88.7 | 84.9 | 81.7 |

续表 Continued

| 地区 | Region | 2010 | 2011 | 2012 | 2013 | 2014 | 2015 |
|---|---|---|---|---|---|---|---|
| 河　南 | Henan | 89.6 | 89.8 | 90.0 | 89.8 | 89.8 | 89.7 |
| 湖　北 | Hubei | 86.1 | 86.9 | 85.3 | 82.6 | 84.4 | 84.2 |
| 湖　南 | Hunan | 92.2 | 86.1 | 87.8 | 88.4 | 89.8 | 89.7 |
| 广　东 | Guangdong | 89.9 | 87.2 | 80.9 | 80.4 | 81.4 | 81.5 |
| 广　西 | Guangxi | 87.1 | 87.2 | 87.6 | 87.1 | 86.8 | 86.5 |
| 海　南 | Hainan | 79.2 | 81.6 | 81.0 | 80.8 | 80.7 | 81.3 |
| 重　庆 | Chongqing | 90.8 | 89.4 | 79.7 | 80.3 | 82.0 | 78.7 |
| 四　川 | Sichuan | 88.3 | 90.6 | 89.3 | 88.2 | 85.7 | 84.8 |
| 贵　州 | Guizhou | 88.2 | 88.1 | 89.0 | 89.0 | 89.1 | 88.7 |
| 云　南 | Yunnan | 86.2 | 87.9 | 87.2 | 86.4 | 86.0 | 86.8 |
| 西　藏 | Tibet | 78.0 | 75.3 | 81.3 | 75.2 | 79.2 | — |
| 陕　西 | Shaanxi | 91.3 | 91.4 | 91.7 | 91.3 | 91.1 | 91.2 |
| 甘　肃 | Gansu | 87.9 | 88.1 | 85.0 | 88.3 | 82.3 | 81.2 |
| 青　海 | Qinghai | 84.9 | 85.1 | 85.9 | 86.3 | 87.7 | 88.1 |
| 宁　夏 | Ningxia | 90.5 | 91.5 | 93.2 | 91.7 | 92.3 | 93.0 |
| 新　疆 | Xinjiang | 82.7 | 83.2 | 82.0 | 81.5 | 73.0 | 83.5 |

注：年报统计时段为2014年10月1日至2015年9月30日。

Note: Statistical period for October 1th，2014-September 30th，2015.

# 血吸虫病防治情况（2015年）

Statistics of Schistosomiasis Control (2015)

| 地区 | Region | 流行县(市、区)个数 Epidemic Areas | 流行村人口数 Population in Epidemic Villages (10000) | 年底病人数(人) Patients at the End of Year | 年内治疗病人次数(人次) Treated Patients | 累计达到传播阻断标准县(市区) Cumulative Areas Reaching Criteria of Elimination | 年内扩大化疗人次数(人次) Expasion Chemo-therapy |
|---|---|---|---|---|---|---|---|
| **总计** | **Total** | **453** | **6861.3** | **77194** | **170438** | **343** | **2449696** |
| 上海 | Shanghai | 8 | 261.0 | — | — | 8 | 1 |
| 江苏 | Jiangsu | 67 | 1332.4 | 2756 | 705 | 60 | 5483 |
| 浙江 | Zhejiang | 55 | 916.5 | 1036 | 1127 | 55 | 583 |
| 安徽 | Anhui | 51 | 703.4 | 8904 | 29357 | 23 | 289036 |
| 福建 | Fujian | 16 | 85.7 | — | — | 16 | — |
| 江西 | Jiangxi | 39 | 493.2 | 11534 | 25423 | 24 | 229971 |
| 湖北 | Hubei | 63 | 1003.3 | 22509 | 64641 | 36 | 582490 |
| 湖南 | Hunan | 41 | 634.7 | 27930 | 48178 | 15 | 485802 |
| 广东 | Guangdon | 13 | 39.8 | — | — | 13 | — |
| 广西 | Guangxi | 19 | 89.8 | 2 | 2 | 19 | 2 |
| 四川 | Sichuan | 63 | 1117.8 | 1767 | 827 | 63 | 582899 |
| 云南 | Yunnan | 18 | 183.7 | 756 | 178 | 11 | 273429 |

注：2015年底病人数系推算数。

Note: Figures of patients at the end of year are estimates.

## 地方性氟中毒防治情况（2015年）

Statistics of Endemic Fluorosis Control (2015)

| 项目<br>Item | 病区县个数<br>Endemic Counties | 病区村人口数<br>Population in Endemic Villages (10000) | 氟斑牙人数<br>Cases of Dental Flurosis (10000) | 氟骨症人数<br>Cases of Skeletal Flurosis (10000) | 控制县个数<br>Counties Under Control | 累计防治受益人口<br>Cumulative Beneficaries (10000) |
|---|---|---|---|---|---|---|
| 饮水型<br>Water Type | 1115 | 7207 | 1816.1 | 127.3 | … | 5458.7 |
| 煤烟污染型<br>Burning Coal Pollution-Type | 171 | 3336 | 1453.7 | 188.2 | 146 | 3224.1 |

## 克山病、大骨节病、碘缺乏病防治情况（2015年）

Statistics of Keshan Disease, Kashin-Beck Disease, Iodine Deficiency Disorder Control (2015)

| 疾病名称<br>Diseases | 病区县数<br>Endemic Counties | 病区人口数<br>Population in Endemic Areas (10000) | 现症病人<br>Current Patients (10000) | 累计控制(消除)县数<br>Cumulative Counties Under Control |
|---|---|---|---|---|
| 克山病<br>Keshan Disease | 328 | 6274 | 3.8 | 313 |
| 大骨节病<br>Kashin-Beck Disease | 378 | 3510 | 61.1 | 364 |
| 碘缺乏病<br>Iodine Deficiency Disorders | 2842 | 137000 | 30.7 | 2646 |

注:①克山病现症病人数为潜在型、慢型、亚急型及急型克山病现患病人之和；②碘缺乏病病区县数和人口数系开展碘缺乏病防治工作的县数及人口数，并非碘缺乏病历史病区县数及人口数；③碘缺乏病现症病人数为Ⅱ度甲状腺肿患者和克汀病人之和。

# 农村改厕工作情况

Improvement of Sanitary Toilets in Rural Areas

| | 2010 | 2011 | 2012 | 2013 | 2014 | 2015 |
|---|---|---|---|---|---|---|
| 累计卫生厕所户数(万户)<br>Cumulative Number of Sanitary Toilets(10000) | 17138.3 | 18108.5 | 18627.5 | 19400.6 | 19939.3 | 20684.3 |
| #当年新增(万户)<br>Number of New Toilets(10000) | 1060.4 | 1028.9 | 737.4 | 648.3 | 685.1 | 774.3 |
| 卫生厕所普及率(%)<br>Coverage of Sanitary Toilets | 67.4 | 69.2 | 71.7 | 74.1 | 76.1 | 78.4 |
| 无害化卫生厕所普及率(%)<br>Coverage of Harmless Disposal Toilets | 45.0 | 47.3 | 49.7 | 52.4 | 55.2 | 57.5 |

# 各地区农村改厕工作情况

Improvement of Sanitary Toilets in Rural Areas by Region

| 地区 Region | 卫生厕所普及率 Coverage of Sanitary Toilets (%) | | 无害化厕所普及率 Coverage of Harmless Disposal Toilets (%) | |
|---|---|---|---|---|
| | 2014 | 2015 | 2014 | 2015 |
| **总 计 Total** | **76.1** | **78.4** | **55.2** | **57.5** |
| 北 京 Beijing | 98.2 | 98.4 | 98.1 | 98.4 |
| 天 津 Tianjin | 93.6 | 93.6 | 93.6 | 93.6 |
| 河 北 Hebei | 60.9 | 68.8 | 41.7 | 47.6 |
| 山 西 Shanxi | 53.6 | 56.0 | 30.1 | 33.4 |
| 内蒙古 Inner Mongolia | 53.1 | 62.6 | 26.3 | 30.8 |
| 辽 宁 Liaoning | 68.4 | 72.8 | 33.8 | 38.4 |
| 吉 林 Jilin | 76.6 | 76.5 | 16.3 | 16.3 |
| 黑龙江 Heilongjiang | 74.4 | 75.9 | 15.9 | 16.9 |
| 上 海 Shanghai | 96.5 | 98.6 | 94.5 | 96.9 |
| 江 苏 Jiangsu | 96.1 | 96.9 | 85.5 | 87.7 |
| 浙 江 Zhejiang | 94.8 | 96.5 | 86.5 | 91.5 |
| 安 徽 Anhui | 65.2 | 67.1 | 36.4 | 38.6 |
| 福 建 Fujian | 91.8 | 94.0 | 90.2 | 92.5 |
| 江 西 Jiangxi | 89.0 | 89.4 | 65.0 | 67.8 |
| 山 东 Shandong | 91.6 | 92.2 | 56.4 | 57.3 |

续表 Continued

| 地区 Region | 卫生厕所普及率 Coverage of Sanitary Toilets (%) | | 无害化厕所普及率 Coverage of Harmless Disposal Toilets (%) | |
|---|---|---|---|---|
| | 2014 | 2015 | 2014 | 2015 |
| 河 南 Henan | 75.3 | 75.6 | 57.2 | 57.3 |
| 湖 北 Hubei | 82.5 | 83.0 | 53.5 | 55.4 |
| 湖 南 Hunan | 68.5 | 74.4 | 40.6 | 42.7 |
| 广 东 Guangdong | 91.1 | 92.3 | 84.9 | 87.2 |
| 广 西 Guangxi | 83.3 | 85.7 | 75.7 | 78.1 |
| 海 南 Hainan | 79.3 | 82.4 | 78.1 | 81.2 |
| 重 庆 Chongqing | 64.5 | 66.2 | 64.5 | 66.2 |
| 四 川 Sichuan | 74.3 | 77.7 | 57.2 | 60.8 |
| 贵 州 Guizhou | 48.9 | 54.8 | 31.6 | 37.3 |
| 云 南 Yunnan | 62.8 | 64.6 | 35.4 | 37.9 |
| 陕 西 Shaanxi | 50.8 | 55.4 | 42.9 | 44.7 |
| 甘 肃 Gansu | 68.9 | 71.8 | 30.3 | 32.0 |
| 青 海 Qinghai | 65.2 | 66.6 | 10.7 | 9.0 |
| 宁 夏 Ningxia | 63.2 | 70.3 | 51.4 | 58.8 |
| 新 疆 Xinjiang | 73.6 | 76.5 | 49.0 | 51.5 |

注：缺西藏数字。Note: Figure for Tibet are not available.

# 各类场所食源性疾病暴发报告情况

Statistics of Foodborne Disease Outbreaks at Various Places

| 发生场所<br>Venue | 事件数(个)<br>Number of Cases | | 患者数(个)<br>Number of Patients | |
|---|---|---|---|---|
| | 2014 | 2015 | 2014 | 2015 |
| **合计**<br>Total | **1480** | **2401** | **17651** | **21374** |
| 餐饮服务单位<br>Catering service | 661 | 1051 | 10752 | 14727 |
| 单位食堂<br>Work unit canteen | 178 | 219 | 2558 | 3096 |
| 学校食堂<br>School canteen | 94 | 110 | 2669 | 2789 |
| 宾馆饭店<br>Hotels | 258 | 323 | 3989 | 4071 |
| 街头摊点<br>Street vendors | 54 | 141 | 645 | 750 |
| 快餐店<br>Fast food restaurant | 54 | 112 | 460 | 790 |
| 送餐<br>Deliver meals | 23 | 14 | 431 | 168 |
| 农村宴席<br>Rural banquet | — | 132 | — | 3063 |
| 家庭<br>Family | 592 | 1222 | 2383 | 4823 |
| 学校(非学校食堂就餐)<br>School (non school dining) | — | 48 | — | 961 |
| 其他<br>Others | 227 | 80 | 4516 | 863 |

注：其他是指除集体食堂、宾馆饭店、家庭、街头摊点、快餐店、送餐、农村宴席之外的其他饮食场所。

Note: Eating places that not listed in this table are sorted into "others" .

## 食品安全国家标准制定公布情况

The Release of National Food Safety Standards

| 年份 | 2011 | 2012 | 2013 | 2014 | 2015 |
|---|---|---|---|---|---|
| **总计**<br>Total | **20** | **116** | **80** | **80** | **204** |
| 食品安全基础标准<br>Horizontal Food Safety Standards | 4 | 3 | 2 | 1 | — |
| 食品产品标准<br>Food Product Standards | 3 | 2 | — | 12 | 22 |
| 营养与特殊膳食食品标准<br>Nutrition and Foods for Special Dietary Uses Standards | — | — | 1 | 1 | 1 |
| 食品检验方法标准<br>Food Analysis Method Standards | — | 6 | 9 | 28 | 22 |
| 食品生产经营规范标准<br>Food Production and Operation Standards | — | — | 2 | 1 | 1 |
| 食品添加剂标准<br>Food Additives Standards | 12 | 101 | 66 | 37 | 142 |
| 食品营养强化剂<br>Food nutrition reinforcement | — | — | — | 2 | 13 |
| 食品相关产品标准<br>Food Related Products Standards | 1 | 4 | — | — | 3 |
| 农药残留限量<br>Pesticide Residues Standards | 1 | — | — | — | — |
| 兽药残留限量<br>Residues of Veterinary Drugs | — | — | 9 | — | — |

## 被监督单位基本情况（2015年）

Statistics of Inspected Field (2015)

| 项目<br>Item | 单位数<br>(个)<br>Number of Cases | 有效卫生许可(资质)证份数<br>Number of Valid Health Licenses | 从业人员数<br>(人)<br>Number of Staffs | 其中:持健康证(资质)人数<br>Staffs with Health Certificates |
|---|---|---|---|---|
| 公共场所卫生<br>Public Place Hygiene | 1431991 | 1431991 | 8177195 | 7918196 |
| 饮用水卫生<br>Drinking Water Hygiene | 68099 | 51226 | 364329 | 305888 |
| 放射卫生<br>Radiation Health | 49695 | 49695 | — | — |
| 涉水产品<br>Water Related Products | 4788 | — | 111730 | — |
| 消毒产品<br>Disinfection Products | 4941 | 4941 | 74023 | 68403 |

## 卫生监督和监测情况（2015年）

Statistics of Health Supervision and Surveillance (2015)

| 项目<br>Item | 监督户次数<br>Household-times Supervised | 合格率<br>Qualified Rate (%) | 监测件数<br>Supervised Cases | 合格率<br>Qualified Rate (%) |
|---|---|---|---|---|
| 公共场所卫生<br>Public Place Hygiene | 2580837 | 98.46 | 690165 | 96.99 |
| 饮用水卫生<br>Drinking Water Hygiene | 154050 | 99.21 | 79158 | 94.76 |
| 消毒产品<br>Disinfection Products | 25681 | 90.95 | 15016 | 95.99 |
| 涉水产品<br>Water Related Products | 6048 | 99.82 | 823 | 98.54 |

# 建设项目卫生审查情况（2015年）

Statistics of Hygiene Examinations of Construction Projects (2015)

| 项目<br>Item | 建设项目数(个)<br>Number of Constrcution Projects | 选址和设计卫生审查<br>Examinations of Project Siting and Design | | 竣工验收卫生审查<br>Examinations of Acceptance Check | |
|---|---|---|---|---|---|
| | | 通过<br>Pass | 未通过<br>Fail | 通过<br>Pass | 未通过<br>Fail |
| **总计**<br>Total | **27099** | **24049** | **62** | **16577** | **188** |
| 公共场所卫生<br>Public Place Hygiene | 20979 | 20046 | 11 | 13390 | 72 |
| 饮用水卫生<br>Drinking Water Hygiene | 1026 | 725 | 50 | 659 | 25 |
| 放射卫生<br>Radiation Health | 1507 | 1064 | 1 | 960 | 91 |
| 其他<br>Others | 3587 | 2214 | — | 1568 | — |

# 卫生行政处罚情况（2015年）

Statistics of Administrative Punishments (2015)

| 项目 Item | 案件数(件) Number of Cases | 处罚决定(件) Punishments | | | | 行政措施(起) Administrative Measures | |
|---|---|---|---|---|---|---|---|
| | | 警告 Warning | 罚款 Fine | 责令停产停业 Ordering to Suspend Production &Operation | 吊销卫生许可证 Revoking Hygiene Licenses | 责令改正 Rectification | 取缔 Ban |
| 公共场所卫生 Public Place Hygiene | 56534 | 49494 | 46927 | 169 | 50 | 26334 | — |
| 饮用水卫生 Drinking Water Hygiene | 2941 | — | 2391 | — | — | 1074 | — |
| 学校卫生 School Hygiene | 4686 | 4551 | — | — | — | 2860 | — |
| 职业卫生 Occupational Health | 77 | 70 | 15 | — | — | 21 | — |
| 放射卫生 Radiation Health | 2471 | 1921 | 1806 | — | — | 1037 | — |
| 传染病防治 Prevention & Control of Infectious Diseases | 20777 | 11919 | 18082 | — | — | 9793 | 1 |
| 医疗卫生 Medical Services | 36757 | 20318 | 31573 | — | 73 | 16786 | 55 |
| 无证行医 Uncertified or Unlicensed Practitioners | 15197 | — | 13795 | — | — | 8199 | 5118 |
| 采供血卫生 Blood Gathering and Supply | 39 | 33 | 24 | — | — | 12 | — |

# 三、医疗服务（医院）
# Health Services (Hospitals)

## 医疗卫生机构诊疗人次及入院人数

Number of Visits and Inpatients in Health Care Institutions

| 年份 Year | 诊疗人次(亿人次) Visits (100 Millions) | 医院 Hospitals | 基层医疗卫生机构 Grass-roots Health Care Institutions | 入院人数(万人) Inpatients (10000) | 医院 Hospitals | 基层医疗卫生机构 Grass-roots Health Care Institutions |
|---|---|---|---|---|---|---|
| 2010 | 58.38 | 20.40 | 36.12 | 14174 | 9524 | 3950 |
| 2011 | 62.71 | 22.59 | 38.06 | 15298 | 10755 | 3775 |
| 2012 | 68.88 | 25.42 | 41.09 | 17857 | 12727 | 4254 |
| 2013 | 73.14 | 27.42 | 43.24 | 19215 | 14007 | 4300 |
| 2014 | 76.02 | 29.72 | 43.64 | 20441 | 15375 | 4094 |
| 2015 | 76.99 | 30.84 | 43.42 | 21054 | 16087 | 4307 |

## 各类医疗卫生机构诊疗人次及入院人数（2015年）

Number of Visits and Inpatients in Health Care Institutions (2015)

| 机构名称 Institution | 诊疗人次 Visits | | 入院人数 Inpatients | |
|---|---|---|---|---|
| | 亿人次 (100 Millions) | 构成 (%) | 万人 (10000) | 构成 (%) |
| **总计 Total** | **76.99** | **100.0** | **21054** | **100.0** |
| 医院 Hospitals | 30.84 | 40.1 | 16087 | 76.4 |
| 基层医疗卫生机构 Grass-roots Health Care Institutions | 43.42 | 56.4 | 4307 | 20.5 |
| 其他机构 Others | 2.73 | 3.5 | 660 | 3.1 |

# 各地区医疗卫生机构诊疗人次（2015年）

Number of Visits in Health Care Institutions by Region (2015)

| 地区 Region | 诊疗人次 Visits (10000) | 地区 Region | 诊疗人次 Visits (10000) |
|---|---|---|---|
| **总计 Total** | **769925.2** | 江西 Jiangxi | 20838.3 |
| 东部 Eastern | 393652.9 | 山东 Shandong | 61521.3 |
| 中部 Central | 197839.0 | 河南 Henan | 55553.0 |
| 西部 Western | 178433.3 | 湖北 Hubei | 34839.4 |
| | | 湖南 Hunan | 25696.1 |
| 北京 Beijing | 21780.3 | 广东 Guangdong | 78632.6 |
| 天津 Tianjin | 11880.7 | 广西 Guangxi | 25188.4 |
| 河北 Hebei | 42134.1 | 海南 Hainan | 4640.9 |
| 山西 Shanxi | 12521.3 | 重庆 Chongqing | 14500.3 |
| 内蒙古 Inner Mongolia | 10024.9 | 四川 Sichuan | 45081.9 |
| 辽宁 Liaoning | 18551.0 | 贵州 Guizhou | 13201.2 |
| 吉林 Jilin | 10469.2 | 云南 Yunnan | 22836.6 |
| 黑龙江 Heilongjiang | 11474.9 | 西藏 Tibet | 1376.2 |
| 上海 Shanghai | 25769.3 | 陕西 Shaanxi | 17501.1 |
| 江苏 Jiangsu | 54579.2 | 甘肃 Gansu | 12530.8 |
| 浙江 Zhejiang | 52973.4 | 青海 Qinghai | 2281.7 |
| 安徽 Anhui | 26446.9 | 宁夏 Ningxia | 3577.0 |
| 福建 Fujian | 21190.0 | 新疆 Xinjiang | 10333.3 |

## 各地区医疗卫生机构入院人数（2015年）

Number of Inpatients in Health Care Institutions by Region (2015)

| 地 区 Region | 入院人数 Inpatients (10000) | 地 区 Region | 入院人数 Inpatients (10000) |
|---|---|---|---|
| **总 计 Total** | **21053.8** | 江 西 Jiangxi | 712.1 |
| 东 部 Eastern | 7999.5 | 山 东 Shandong | 1521.8 |
| 中 部 Central | 6706.1 | 河 南 Henan | 1501.6 |
| 西 部 Western | 6348.2 | 湖 北 Hubei | 1107.5 |
| | | 湖 南 Hunan | 1304.1 |
| 北 京 Beijing | 276.4 | 广 东 Guangdong | 1441.5 |
| 天 津 Tianjin | 150.8 | 广 西 Guangxi | 831.2 |
| 河 北 Hebei | 991.3 | 海 南 Hainan | 104.6 |
| 山 西 Shanxi | 381.4 | 重 庆 Chongqing | 591.1 |
| 内蒙古 Inner Mongolia | 295.9 | 四 川 Sichuan | 1546.8 |
| 辽 宁 Liaoning | 646.4 | 贵 州 Guizhou | 633.9 |
| 吉 林 Jilin | 341.4 | 云 南 Yunnan | 748.9 |
| 黑龙江 Heilongjiang | 514.9 | 西 藏 Tibet | 29.0 |
| 上 海 Shanghai | 335.1 | 陕 西 Shaanxi | 625.5 |
| 江 苏 Jiangsu | 1217.6 | 甘 肃 Gansu | 351.8 |
| 浙 江 Zhejiang | 791.2 | 青 海 Qinghai | 84.1 |
| 安 徽 Anhui | 843.0 | 宁 夏 Ningxia | 98.0 |
| 福 建 Fujian | 523.0 | 新 疆 Xinjiang | 512.2 |

## 各类医院诊疗人次数（亿人次）

Number of Visits in Hospitals (100 Millions)

| 医院名称 Hospital | 2010 | 2011 | 2012 | 2013 | 2014 | 2015 |
|---|---|---|---|---|---|---|
| **总计 Total** | **20.40** | **22.59** | **25.42** | **27.42** | **29.72** | **30.84** |
| 按经济类型分 By Ownership | | | | | | |
| 公立医院 Public Hospitals | 18.74 | 20.53 | 22.89 | 24.55 | 26.47 | 27.12 |
| 民营医院 Non-public Hospitals | 1.66 | 2.06 | 2.53 | 2.87 | 3.25 | 3.71 |
| 按医院等级分 By Level | | | | | | |
| #三级医院 Third-level Hospitals | 7.60 | 8.98 | 10.87 | 12.38 | 13.98 | 14.98 |
| 二级医院 Second-level Hospitals | 9.31 | 9.92 | 10.55 | 10.92 | 11.47 | 11.72 |
| 一级医院 First-level Hospitals | 1.46 | 1.53 | 1.68 | 1.76 | 1.85 | 2.06 |
| 按类别分 By Category | | | | | | |
| #综合医院 General Hospitals | 15.11 | 16.74 | 18.74 | 20.16 | 21.82 | 22.57 |
| 中医医院 TCM Hospitals | 3.28 | 3.61 | 4.07 | 4.37 | 4.72 | 4.85 |
| 专科医院 Specialized Hospitals | 1.68 | 1.88 | 2.16 | 2.36 | 2.59 | 2.77 |

# 各地区医院诊疗人次（2015年）

Number of Visits in Hospitals by Region (2015)

| 地区 | Region | 合计 Total (10000) | 公立医院 Public Hospitals (10000) | 民营医院 Non-public Hospitals (10000) |
|---|---|---|---|---|
| **总 计** | **Total** | **308364.1** | **271243.6** | **37120.5** |
| 东 部 | Eastern | 170850.0 | 148026.2 | 22823.9 |
| 中 部 | Central | 68999.7 | 59537.5 | 9462.2 |
| 西 部 | Western | 68514.3 | 63679.9 | 4834.4 |
| 北 京 | Beijing | 14585.7 | 13105.3 | 1480.5 |
| 天 津 | Tianjin | 7151.3 | 5677.7 | 1473.6 |
| 河 北 | Hebei | 11733.7 | 10146.7 | 1587.1 |
| 山 西 | Shanxi | 4967.8 | 4440.7 | 527.1 |
| 内蒙古 | Inner Mongolia | 4405.8 | 3955.9 | 450.0 |
| 辽 宁 | Liaoning | 9012.5 | 8183.2 | 829.3 |
| 吉 林 | Jilin | 4825.5 | 4293.9 | 531.6 |
| 黑龙江 | Heilongjiang | 6090.4 | 5588.4 | 502.0 |
| 上 海 | Shanghai | 14543.4 | 13519.0 | 1024.4 |
| 江 苏 | Jiangsu | 24121.8 | 19367.9 | 4753.9 |
| 浙 江 | Zhejiang | 24642.2 | 22359.5 | 2282.7 |
| 安 徽 | Anhui | 9366.1 | 7661.7 | 1704.4 |
| 福 建 | Fujian | 9310.8 | 8429.1 | 881.7 |
| 江 西 | Jiangxi | 5885.2 | 5366.8 | 518.4 |
| 山 东 | Shandong | 18711.3 | 16196.5 | 2514.8 |

续表 Continued

| 地 区 Region | | 合计 Total (10000) | 公立医院 Public Hospitals (10000) | 民营医院 Non-public Hospitals (10000) |
|---|---|---|---|---|
| 河 南 | Henan | 16867.3 | 14308.8 | 2558.5 |
| 湖 北 | Hubei | 11990.7 | 10974.6 | 1016.1 |
| 湖 南 | Hunan | 9006.7 | 8041.8 | 964.9 |
| 广 东 | Guangdong | 35382.1 | 32335.0 | 3047.1 |
| 广 西 | Guangxi | 8702.6 | 8245.7 | 456.9 |
| 海 南 | Hainan | 1655.2 | 1535.6 | 119.6 |
| 重 庆 | Chongqing | 6022.7 | 5201.7 | 821.0 |
| 四 川 | Sichuan | 16008.2 | 13548.2 | 2460.0 |
| 贵 州 | Guizhou | 4965.3 | 3817.9 | 1147.4 |
| 云 南 | Yunnan | 8815.1 | 7321.9 | 1493.2 |
| 西 藏 | Tibet | 548.6 | 438.0 | 110.6 |
| 陕 西 | Shaanxi | 7294.2 | 6371.0 | 923.1 |
| 甘 肃 | Gansu | 3947.1 | 3688.3 | 258.8 |
| 青 海 | Qinghai | 1108.3 | 1016.6 | 91.7 |
| 宁 夏 | Ningxia | 1713.9 | 1522.9 | 191.0 |
| 新 疆 | Xinjiang | 4982.4 | 4583.3 | 399.1 |

# 各类医院入院人数（万人）

Number of Inpatients in Hospitals (10000)

| 医院名称 Hospital | 2010 | 2011 | 2012 | 2013 | 2014 | 2015 |
|---|---|---|---|---|---|---|
| **总计 Total** | **9524** | **10755** | **12727** | **14007** | **15375** | **16087** |
| 按经济类型分 By Ownership | | | | | | |
| 公立医院 Public Hospitals | 8724 | 9707 | 11331 | 12315 | 13415 | 13721 |
| 民营医院 Non-public Hospitals | 800 | 1047 | 1396 | 1692 | 1960 | 2365 |
| 按医院等级分 By Level | | | | | | |
| #三级医院 Third-level Hospitals | 3097 | 3717 | 4726 | 5450 | 6291 | 6829 |
| 二级医院 Second-level Hospitals | 5116 | 5567 | 6242 | 6621 | 7006 | 7121 |
| 一级医院 First-level Hospitals | 464 | 536 | 649 | 729 | 798 | 965 |
| 按类别分 By Category | | | | | | |
| #综合医院 General Hospitals | 7505 | 8431 | 9915 | 10848 | 11844 | 12335 |
| 中医医院 TCM Hospitals | 1168 | 1349 | 1642 | 1827 | 2011 | 2102 |
| 专科医院 Specialized Hospitals | 733 | 844 | 1004 | 1132 | 1287 | 1380 |

# 各地区医院入院人数（2015年）

Number of Inpatients in Hospitals by Region (2015)

| 地 区 Region | 合计 Total (10000) | 公立医院 Public Hospitals (10000) | 民营医院 Non-public Hospitals (10000) |
|---|---|---|---|
| **总 计 Total** | **16086.8** | **13721.4** | **2365.4** |
| | | | |
| 东 部 Eastern | 6573.9 | 5698.8 | 875.1 |
| 中 部 Central | 4904.1 | 4211.7 | 692.4 |
| 西 部 Western | 4608.9 | 3810.9 | 798.0 |
| | | | |
| 北 京 Beijing | 265.8 | 235.0 | 30.8 |
| 天 津 Tianjin | 140.2 | 124.4 | 15.8 |
| 河 北 Hebei | 782.0 | 678.2 | 103.7 |
| 山 西 Shanxi | 323.4 | 280.6 | 42.8 |
| 内蒙古 Inner Mongolia | 249.6 | 226.5 | 23.1 |
| 辽 宁 Liaoning | 575.0 | 508.1 | 66.8 |
| 吉 林 Jilin | 313.8 | 271.1 | 42.8 |
| 黑龙江 Heilongjiang | 432.8 | 394.8 | 38.1 |
| 上 海 Shanghai | 312.4 | 294.5 | 17.9 |
| 江 苏 Jiangsu | 998.1 | 772.7 | 225.4 |
| 浙 江 Zhejiang | 716.7 | 641.1 | 75.6 |
| 安 徽 Anhui | 653.5 | 525.6 | 127.9 |
| 福 建 Fujian | 410.1 | 357.1 | 53.1 |
| 江 西 Jiangxi | 450.3 | 392.2 | 58.2 |
| 山 东 Shandong | 1167.4 | 1011.7 | 155.7 |

续表 Continued

| 地 区 Region | 合计 Total (10000) | 公立医院 Public Hospitals (10000) | 民营医院 Non-public Hospitals (10000) |
|---|---|---|---|
| 河 南 Henan | 1103.5 | 918.7 | 184.8 |
| 湖 北 Hubei | 781.7 | 704.3 | 77.4 |
| 湖 南 Hunan | 844.9 | 724.5 | 120.4 |
| 广 东 Guangdong | 1120.9 | 995.5 | 125.4 |
| 广 西 Guangxi | 499.5 | 465.5 | 34.0 |
| 海 南 Hainan | 85.4 | 80.5 | 4.9 |
| 重 庆 Chongqing | 390.0 | 287.7 | 102.3 |
| 四 川 Sichuan | 1042.7 | 810.8 | 231.9 |
| 贵 州 Guizhou | 471.6 | 342.8 | 128.9 |
| 云 南 Yunnan | 578.5 | 462.7 | 115.8 |
| 西 藏 Tibet | 24.6 | 18.7 | 5.9 |
| 陕 西 Shaanxi | 521.3 | 448.2 | 73.1 |
| 甘 肃 Gansu | 274.0 | 255.7 | 18.3 |
| 青 海 Qinghai | 72.5 | 62.1 | 10.4 |
| 宁 夏 Ningxia | 87.5 | 77.6 | 9.9 |
| 新 疆 Xinjiang | 397.2 | 352.7 | 44.5 |

## 各级公立医院诊疗人次及入院人数

Number of Visits and Inpatients in Public Hospitals

| | 2010 | 2011 | 2012 | 2013 | 2014 | 2015 |
|---|---|---|---|---|---|---|
| **诊疗人次（亿人次）** Visits (100 Millions) | **18.74** | **20.53** | **22.89** | **24.55** | **26.47** | **27.12** |
| #三级医院 Third-level Hospitals | 7.53 | 8.84 | 10.67 | 12.15 | 13.69 | 14.62 |
| 二级医院 Second-level Hospitals | 9.02 | 9.56 | 10.10 | 10.36 | 10.81 | 10.86 |
| 一级医院 First-level Hospitals | 1.02 | 0.99 | 1.03 | 1.01 | 0.98 | 1.04 |
| **入院人数（万人）** Inpatients (10000) | **8724** | **9707** | **11331** | **12315** | **13415** | **13721** |
| #三级医院 Third-level Hospitals | 3065 | 3654 | 4632 | 5338 | 6143 | 6633 |
| 二级医院 Second-level Hospitals | 4941 | 5342 | 5954 | 6258 | 6571 | 6525 |
| 一级医院 First-level Hospitals | 287 | 291 | 323 | 325 | 320 | 347 |

# 医院分科诊疗人次及构成

Number & Percentage of Visits in Hospitals by Department

| 科别<br>Department | 门急诊人次<br>Number of Visits<br>(10000) | | 构成<br>(%) | |
|---|---|---|---|---|
| | 2014 | 2015 | 2014 | 2015 |
| **总计 Total** | **290294** | **301655** | **100.0** | **100.0** |
| 预防保健科<br>Preventive Care Department | 1692 | 1663 | 0.6 | 0.6 |
| 全科医疗科<br>General Practical Department | 4998 | 4876 | 1.7 | 1.6 |
| 内科 Internal Medical Department | 61391 | 64310 | 21.2 | 21.3 |
| 外科 Surgical Department | 27837 | 29032 | 9.6 | 9.6 |
| 儿科 Pediatric Department | 26448 | 27155 | 8.8 | 9.0 |
| 妇产科 Obs. & Gyn. Department | 27225 | 27318 | 9.0 | 9.1 |
| 眼科 Ophthalmologic Department | 8564 | 9011 | 3.0 | 3.0 |
| 耳鼻咽喉科 ENT Department | 7901 | 8387 | 2.7 | 2.8 |
| 口腔科 Stomatologic Department | 8668 | 9218 | 3.0 | 3.1 |
| 皮肤科 Dermatological Department | 8738 | 9212 | 3.0 | 3.1 |
| 精神科 Psychiatric Department | 3750 | 4005 | 1.3 | 1.3 |
| 传染科 Infectious Disease Department | 3672 | 3850 | 1.3 | 1.3 |
| 肿瘤科 Oncology Department | 2603 | 2913 | 0.9 | 1.0 |
| 急诊医学科 Emergency Department | 13213 | 13881 | 4.6 | 4.6 |
| 康复医学科<br>Rehabilitation Medical Department | 2569 | 2634 | 0.9 | 0.9 |
| 中医科 TCM Department | 55126 | 56642 | 19.0 | 18.8 |
| 其他 Others | 25899 | 27549 | 8.6 | 9.1 |

注：本表系医院分科门急诊人次数。

Note: Data in this table are outpatient and emergency visits in hospitals by department.

# 医院分科出院人数及构成

Number & Percentage of Hospital Inpatients by Department

| 科别 Department | 出院人数 Inpatients (10000) | | 构成 (%) | |
|---|---|---|---|---|
| | 2014 | 2015 | 2014 | 2015 |
| **总计 Total** | **15319** | **16014** | **100.0** | **100.0** |
| 预防保健科 Preventive Care Department | 10.4 | 8.8 | 0.1 | 0.1 |
| 全科医疗科 General Practical Department | 130.7 | 140.5 | 0.9 | 0.9 |
| 内科 Internal Medical Department | 4105.7 | 4436.8 | 26.8 | 27.7 |
| 外科 Surgical Department | 2963.8 | 3098.0 | 19.4 | 19.3 |
| 儿科 Pediatric Department | 1443.0 | 1442.6 | 9.0 | 9.0 |
| 妇产科 Obs. & Gyn. Department | 1817.1 | 1715.6 | 11.3 | 10.7 |
| 眼科 Ophthalmologic Department | 358.1 | 399.5 | 2.3 | 2.5 |
| 耳鼻咽喉科 ENT Department | 261.9 | 274.2 | 1.7 | 1.7 |
| 口腔科 Stomatologic Department | 54.4 | 56.1 | 0.4 | 0.4 |
| 皮肤科 Dermatological Department | 43.5 | 46.9 | 0.3 | 0.3 |
| 精神科 Psychiatric Department | 184.8 | 198.8 | 1.2 | 1.2 |
| 传染科 Infectious Disease Department | 299.3 | 291.0 | 2.0 | 1.8 |
| 肿瘤科 Oncology Department | 592.1 | 640.7 | 3.9 | 4.0 |
| 急诊医学科 Emergency Department | 123.8 | 131.0 | 0.8 | 0.8 |
| 康复医学科 Rehabilitation Medical Department | 157.0 | 187.8 | 1.0 | 1.2 |
| 中医科 TCM Department | 2141.2 | 2244.5 | 14.0 | 14.0 |
| 其他 Others | 644.2 | 701.1 | 4.0 | 4.4 |

# 非公医疗机构医疗服务情况

Health Servicesin in Non-public Health Care Institutions

| 机构名称 | 2010 | 2011 | 2012 | 2013 | 2014 | 2015 |
|---|---|---|---|---|---|---|
| **总诊疗人次数(亿人次)** | 13.5 | 14.9 | 15.7 | 16.3 | 16.8 | 17.2 |
| **Number of Visits （100 Millions）** | | | | | | |
| #医院 Hospitals | 1.7 | 2.1 | 2.5 | 2.9 | 3.2 | 3.7 |
| 基层医疗卫生机构 Grass-roots Health Care Institutions | 11.8 | 12.8 | 13.1 | 13.4 | 13.5 | 13.4 |
| 占同类机构比重(%) As % of same type Institutions | 23.1 | 23.7 | 22.8 | 22.3 | 22.1 | 22.3 |
| #医院 Hospitals | 8.1 | 9.1 | 10.0 | 10.5 | 10.9 | 12.0 |
| 基层医疗卫生机构 Grass-roots Health Care Institutions | 32.7 | 33.6 | 31.9 | 31.0 | 31.0 | 30.9 |
| **出院人数(万人)** | 878 | 1128 | 1472 | 1750 | 2013 | 2407 |
| **Number of Inpatients （10000）** | | | | | | |
| #医院 Hospitals | 797 | 1046 | 1392 | 1669 | 1939 | 2334 |
| 基层医疗卫生机构 Grass-roots Health Care Institutions | 78 | 79 | 75 | 76 | 69 | 68 |
| 占同类机构比重(%) As % of same type Institutions | 6.2 | 7.4 | 8.3 | 9.2 | 9.9 | 11.5 |
| #医院 Hospitals | 8.4 | 9.8 | 11.0 | 12.0 | 12.6 | 14.6 |
| 基层医疗卫生机构 Grass-roots Health Care Institutions | 2.0 | 2.1 | 1.8 | 1.8 | 1.7 | 1.7 |

# 医院病床使用率（%）

## Occupacy Rate of Hospital Beds (%)

| | 2010 | 2011 | 2012 | 2013 | 2014 | 2015 |
|---|---|---|---|---|---|---|
| **总计 Total** | **86.7** | **88.5** | **90.1** | **89.0** | **88.0** | **85.4** |
| 按经济类型分 By Ownership | | | | | | |
| 公立医院 Public Hospitals | 90.0 | 92.0 | 94.2 | 93.5 | 92.8 | 90.4 |
| 民营医院 Non-public Hospitals | 59.0 | 62.3 | 63.2 | 63.4 | 63.1 | 62.8 |
| 按医院等级分 By Level | | | | | | |
| #三级医院 Third-level Hospitals | 102.9 | 104.2 | 104.5 | 102.9 | 101.8 | 98.8 |
| 二级医院 Second-level Hospitals | 87.3 | 88.7 | 90.7 | 89.5 | 87.9 | 84.1 |
| 一级医院 First-level Hospitals | 56.6 | 58.9 | 60.4 | 60.9 | 60.1 | 58.8 |
| 按类别分 By Category | | | | | | |
| #综合医院 General Hospitals | 87.5 | 89.3 | 91.0 | 89.8 | 88.8 | 86.1 |
| 中医医院 TCM Hospitals | 84.1 | 86.3 | 88.6 | 88.6 | 87.3 | 84.7 |
| 专科医院 Specialized Hospitals | 85.7 | 87.0 | 87.6 | 86.4 | 86.2 | 83.2 |

## 各地区医院病床使用率(2015年)

Occupancy Rate of Hospital Beds by Region (2015)

| 地 区 Region | | 合计 Total (%) | 公立医院 Public Hospitals (%) | 民营医院 Non-public Hospitals (%) |
|---|---|---|---|---|
| **总 计** | Total | 85.36 | 90.39 | 62.79 |
| 东 部 | Eastern | 85.50 | 90.58 | 62.42 |
| 中 部 | Central | 85.73 | 89.64 | 65.18 |
| 西 部 | Western | 84.75 | 90.98 | 61.26 |
| 北 京 | Beijing | 80.58 | 88.58 | 48.65 |
| 天 津 | Tianjin | 81.62 | 87.88 | 51.16 |
| 河 北 | Hebei | 83.64 | 87.85 | 61.73 |
| 山 西 | Shanxi | 76.89 | 79.78 | 59.28 |
| 内蒙古 | Inner Mongolia | 73.21 | 77.93 | 44.31 |
| 辽 宁 | Liaoning | 85.43 | 89.89 | 59.60 |
| 吉 林 | Jilin | 78.54 | 83.91 | 51.19 |
| 黑龙江 | Heilongjiang | 81.40 | 85.33 | 50.53 |
| 上 海 | Shanghai | 95.71 | 98.70 | 73.41 |
| 江 苏 | Jiangsu | 88.60 | 95.10 | 71.20 |
| 浙 江 | Zhejiang | 88.94 | 95.25 | 62.78 |
| 安 徽 | Anhui | 84.97 | 89.80 | 68.37 |
| 福 建 | Fujian | 82.59 | 86.91 | 58.00 |
| 江 西 | Jiangxi | 90.35 | 92.82 | 73.96 |
| 山 东 | Shandong | 84.31 | 89.64 | 59.90 |

**续表** Continued

| 地 区 Region | 合计 Total (%) | 公立医院 Public Hospitals (%) | 民营医院 Non-public Hospitals (%) |
|---|---|---|---|
| 河 南 Henan | 87.20 | 89.72 | 75.17 |
| 湖 北 Hubei | 92.44 | 97.03 | 61.16 |
| 湖 南 Hunan | 86.43 | 91.44 | 62.29 |
| 广 东 Guangdong | 83.54 | 87.99 | 59.48 |
| 广 西 Guangxi | 89.83 | 91.77 | 68.37 |
| 海 南 Hainan | 79.41 | 80.75 | 63.21 |
| 重 庆 Chongqing | 86.84 | 92.18 | 71.83 |
| 四 川 Sichuan | 89.62 | 97.88 | 66.64 |
| 贵 州 Guizhou | 80.87 | 92.09 | 58.02 |
| 云 南 Yunnan | 82.89 | 92.40 | 56.99 |
| 西 藏 Tibet | 73.24 | 77.74 | 51.43 |
| 陕 西 Shaanxi | 83.41 | 89.24 | 58.18 |
| 甘 肃 Gansu | 82.21 | 84.09 | 60.98 |
| 青 海 Qinghai | 76.04 | 80.08 | 50.43 |
| 宁 夏 Ningxia | 83.24 | 88.40 | 54.80 |
| 新 疆 Xinjiang | 86.93 | 92.17 | 52.94 |

# 医院平均住院日（日）

Average Length of Stay in Hospitals (Day)

| 医院名称 Hospital | 2010 | 2011 | 2012 | 2013 | 2014 | 2015 |
|---|---|---|---|---|---|---|
| **总计 Total** | **10.5** | **10.3** | **10.0** | **9.8** | **9.6** | **9.6** |
| 按经济类型分 By Ownership | | | | | | |
| 公立医院 Public Hospitals | 10.7 | 10.5 | 10.2 | 10.0 | 9.8 | 9.8 |
| 民营医院 Non-public Hospitals | 8.4 | 8.5 | 8.3 | 8.4 | 8.4 | 8.5 |
| 按医院等级分 By Level | | | | | | |
| #三级医院 Third-level Hospitals | 12.5 | 12.0 | 11.4 | 11.0 | 10.7 | 10.4 |
| 二级医院 Second-level Hospitals | 9.4 | 9.3 | 9.1 | 9.0 | 8.8 | 8.9 |
| 一级医院 First-level Hospitals | 9.1 | 9.1 | 8.9 | 9.0 | 9.1 | 9.0 |
| 按类别分 By Category | | | | | | |
| #综合医院 General Hospitals | 9.8 | 9.7 | 9.4 | 9.2 | 9.0 | 8.9 |
| 中医医院 TCM Hospitals | 10.6 | 10.5 | 10.2 | 10.1 | 10.0 | 10.0 |
| 专科医院 Specialized Hospitals | 17.3 | 16.1 | 15.5 | 14.9 | 14.4 | 14.5 |

## 医院医师日均担负诊疗人次和住院床日

Daily Visits and Inpatients per Physician in Hospitals

| 医院名称 Hospital | 医师日均担负诊疗人次 Daily Visits per Physician | | 医师日均担负住院床日 Daily Inpatients per Physician | |
|---|---|---|---|---|
| | 2014 | 2015 | 2014 | 2015 |
| **总计 Total** | **7.5** | **7.3** | **2.6** | **2.6** |
| 按经济类型分 By Ownership | | | | |
| 公立医院 Public Hospitals | 7.8 | 7.6 | 2.7 | 2.6 |
| 民营医院 Non-public Hospitals | 5.8 | 5.5 | 2.1 | 2.2 |
| 按医院等级分 By Level | | | | |
| #三级医院 Third-level Hospitals | 8.4 | 8.1 | 2.8 | 2.7 |
| 二级医院 Second-level Hospitals | 7.2 | 7.0 | 2.7 | 2.6 |
| 一级医院 First-level Hospitals | 6.5 | 6.1 | 1.9 | 1.9 |
| 按类别分 By Category | | | | |
| #综合医院 General Hospitals | 7.6 | 7.4 | 2.6 | 2.5 |
| 中医医院 TCM Hospitals | 8.2 | 7.8 | 2.4 | 2.4 |
| 专科医院 Specialized Hospitals | 6.3 | 6.2 | 3.4 | 3.3 |

## 综合医院医师日均担负诊疗人次和住院床日
## Daily Visits and Inpatients per Physician in General Hospitals

| 指标<br>Indicator | 2014 | 2015 |
|---|---|---|
| **医师日均担负诊疗人次<br>Daily Visits per Physician** | **8.0** | **7.8** |
| 部属<br>Ministry Hospitals | 11.0 | 10.2 |
| 省属<br>Provincial Hospitals | 8.8 | 8.6 |
| 地级市属<br>Hospitals of Prefecture Cities | 7.9 | 7.7 |
| 县级市属<br>Hospitals of County-level Cities | 8.2 | 8.1 |
| 县属<br>County Hospitals | 7.1 | 6.9 |
| **医师日均担负住院床日<br>Daily Inpatients per Physician** | **2.7** | **2.6** |
| 部属<br>Ministry Hospitals | 2.5 | 2.3 |
| 省属<br>Provincial Hospitals | 2.7 | 2.6 |
| 地级市属<br>Hospitals of Prefecture Cities | 2.7 | 2.6 |
| 县级市属<br>Hospitals of County-level Cities | 2.6 | 2.4 |
| 县属<br>County Hospitals | 3.1 | 3.0 |

注: 本表系政府办综合医院数字。

Note: Data in this table are of government-run general hospitals.

# 医院收入与支出 (2015年)
## Incomes and Expenditures of Hospitals (2015)

| 指标 Indicator | 医院 Hospitals | 公立医院 Public Hospitals | 三级医院 Third-level Hospitals | 二级医院 Second-level Hospitals | 一级医院 First-level Hospitals |
|---|---|---|---|---|---|
| **院均总收入（万元） Income per Hospital (10000 Yuan)** | **8478** | **16516** | **71034** | **10536** | **1144** |
| 医疗收入 Medical Income | 7571 | 14613 | 64040 | 9061 | 875 |
| 内:药品收入 Drug Income | 1262 | 2441 | 10480 | 1525 | 238 |
| 财政补助收入 Financial Subsidy | 703 | 1497 | 5135 | 1261 | 230 |
| 科教项目收入 Science and Education Project Income | 35 | 74 | 442 | 9 | 1 |
| 其他收入 Others | 169 | 332 | 1416 | 205 | 39 |
| **院均总支出（万元） Expenditure per Hospital (10000 Yuan)** | **8198** | **16010** | **68625** | **10289** | **1119** |
| 医疗业务成本 Medical Cost | 6707 | 13263 | 57997 | 8297 | 748 |
| 内:药品费 Drug Expense | 2680 | 5322 | 23321 | 3306 | 329 |
| 财政项目补助支出 Financial Subsidy Payment | 298 | 634 | 2491 | 423 | 121 |
| 科教项目支出 Science and Education Project Payment | 28 | 57 | 334 | 11 | 1 |
| 管理费用 Administrative Cost | 964 | 1816 | 7105 | 1371 | 131 |
| 其他支出 Others | 201 | 240 | 698 | 188 | 118 |
| **次均门诊费用（元） Average Medical Expense per Visit (Yuan)** | **233.9** | **235.2** | **283.7** | **184.1** | **132.9** |
| #药费 Drug | 110.5 | 113.7 | 139.8 | 85.0 | 70.6 |
| **人均住院费用（元） Average Medical Expense per Inpatient (Yuan)** | **8268.1** | **8833.0** | **12599.3** | **5358.2** | **3844.5** |
| #药费 Drug | 3042.0 | 3259.6 | 4641.6 | 1981.2 | 1525.3 |

统计范围：27012个医院。Note: Data in this table are of 27012 hospitals.

## 公立医院次均门诊费用

Average Medical Expense per Visit in Public Hospitals

| 年份 Year | 次均门诊费用（元） Medical Expense per Visit (Yuan) | 药费 Drug | 检查费 Examination | 占门诊费用% As % of Outpatient Expense 药费 Drug | 检查费 Examination |
|---|---|---|---|---|---|
| 合计 Total | | | | | |
| 2010 | 167.3 | 87.4 | 30.8 | 48.5 | 18.4 |
| 2011 | 180.2 | 92.8 | 33.4 | 51.5 | 18.5 |
| 2012 | 193.4 | 99.3 | 36.2 | 51.3 | 18.7 |
| 2013 | 207.9 | 104.4 | 38.7 | 50.2 | 18.6 |
| 2014 | 221.6 | 109.3 | 41.8 | 49.3 | 18.9 |
| 2015 | 235.2 | 113.7 | 44.4 | 48.3 | 18.9 |
| #三级医院 Third-level Hospitals | | | | | |
| 2010 | 220.2 | 117.6 | 37.9 | 53.4 | 17.2 |
| 2011 | 231.8 | 122.0 | 40.2 | 52.6 | 17.3 |
| 2012 | 242.1 | 126.7 | 42.7 | 52.3 | 17.6 |
| 2013 | 256.7 | 132.1 | 45.2 | 51.5 | 17.6 |
| 2014 | 269.8 | 136.0 | 48.4 | 50.4 | 17.9 |
| 2015 | 283.7 | 139.8 | 51.1 | 49.3 | 18.0 |
| 二级医院 Second-level Hospitals | | | | | |
| 2010 | 139.3 | 70.5 | 28.9 | 50.6 | 20.8 |
| 2011 | 147.6 | 73.6 | 31.0 | 49.9 | 21.0 |
| 2012 | 157.4 | 77.9 | 33.3 | 49.5 | 21.1 |
| 2013 | 166.2 | 79.6 | 35.2 | 47.9 | 21.2 |
| 2014 | 176.0 | 82.8 | 37.7 | 47.0 | 21.4 |
| 2015 | 184.1 | 85.0 | 39.2 | 46.1 | 21.3 |
| 一级医院 First-level Hospitals | | | | | |
| 2010 | 93.1 | 51.6 | 11.5 | 55.4 | 12.4 |
| 2011 | 103.9 | 56.1 | 13.4 | 54.0 | 12.8 |
| 2012 | 112.0 | 59.9 | 14.7 | 53.5 | 13.1 |
| 2013 | 119.8 | 64.2 | 15.6 | 53.6 | 13.1 |
| 2014 | 125.3 | 66.4 | 17.1 | 53.0 | 13.6 |
| 2015 | 132.9 | 70.6 | 17.6 | 53.1 | 13.3 |

# 公立医院人均住院费用

Average Medical Expense per Inpatient in Public Hospitals

| 年份<br>Year | 人均住院费用（元）<br>Medical Expense per Inpatient (Yuan) | 药费<br>Drug | 检查费<br>Examination | 占住院费用% As % of Inpatient Expense<br>药费<br>Drug | 检查费<br>Examination |
|---|---|---|---|---|---|
| 合计 Total | | | | | |
| 2010 | 6415.9 | 2784.3 | 460.8 | 43.4 | 7.2 |
| 2011 | 6909.9 | 2903.7 | 518.5 | 42.0 | 7.5 |
| 2012 | 7325.1 | 3026.7 | 565.4 | 41.3 | 7.7 |
| 2013 | 7858.9 | 3116.3 | 629.8 | 39.7 | 8.0 |
| 2014 | 8290.5 | 3187.1 | 685.2 | 38.4 | 8.3 |
| 2015 | 8833.0 | 3259.6 | 753.4 | 36.9 | 8.5 |
| #三级医院 Third-level Hospitals | | | | | |
| 2010 | 10442.4 | 4441.0 | 765.5 | 42.5 | 7.3 |
| 2011 | 10935.9 | 4480.4 | 838.7 | 41.0 | 7.7 |
| 2012 | 11186.8 | 4521.0 | 881.1 | 40.4 | 7.9 |
| 2013 | 11722.4 | 4578.3 | 952.1 | 39.1 | 8.1 |
| 2014 | 12100.2 | 4610.1 | 1007.0 | 38.1 | 8.3 |
| 2015 | 12599.3 | 4641.6 | 1078.1 | 36.8 | 8.6 |
| 二级医院 Second-level Hospitals | | | | | |
| 2010 | 4338.6 | 1944.8 | 303.4 | 44.8 | 7.0 |
| 2011 | 4564.2 | 1999.2 | 332.3 | 43.8 | 7.3 |
| 2012 | 4729.4 | 2033.3 | 352.4 | 43.0 | 7.5 |
| 2013 | 4968.3 | 2028.4 | 389.0 | 40.8 | 7.8 |
| 2014 | 5114.6 | 2003.9 | 417.4 | 39.2 | 8.2 |
| 2015 | 5358.2 | 1981.2 | 456.2 | 37.0 | 8.5 |
| 一级医院 First-level Hospitals | | | | | |
| 2010 | 2844.3 | 1243.7 | 185.9 | 43.7 | 6.5 |
| 2011 | 3121.3 | 1364.4 | 207.0 | 43.7 | 6.6 |
| 2012 | 3285.0 | 1411.3 | 236.1 | 43.0 | 7.2 |
| 2013 | 3561.9 | 1471.2 | 277.7 | 41.3 | 7.8 |
| 2014 | 3737.1 | 1519.8 | 311.5 | 40.7 | 8.3 |
| 2015 | 3844.5 | 1525.3 | 304.4 | 39.7 | 7.9 |

## 综合医院收入与支出(2015年)

Incomes and Expenditures of General Hospitals (2015)

| 指标 Indicator | 合计 Total | 部属 Ministry Hospital | 省属 Provincial Hospital | 地级市属 Hospital of Prefecture City | 县级市属 Hospital of County Level City | 县属 County Hospital |
|---|---|---|---|---|---|---|
| **院均总收入(万元) Income per Hospital (10000 Yuan)** | **31223** | **385026** | **146154** | **51312** | **17826** | **12793** |
| 医疗收入 Medical Income | 27964 | 349061 | 132359 | 46191 | 15821 | 11218 |
| #药品收入 Drug Income | 11070 | 146801 | 53017 | 18645 | 6117 | 4179 |
| 财政补助收入 Financial Subsidy | 2566 | 15718 | 9875 | 4270 | 1652 | 1351 |
| 科教项目收入 Science and Education Project Income | 126 | 8789 | 1010 | 97 | 11 | 10 |
| 其他收入 Others | 566 | 11458 | 2910 | 755 | 343 | 215 |
| **院均总支出(万元) Expenditure per Hospital (10000 Yuan)** | **30318** | **372828** | **141398** | **49887** | **17409** | **12386** |
| 医疗业务成本 Medical Cost | 25542 | 321139 | 121926 | 41846 | 14571 | 10170 |
| #药品费 Drug Expense | 10038 | 128636 | 47458 | 16630 | 5691 | 3953 |
| 财政项目补助支出 Financial Subsidy Payment | 1052 | 9553 | 4739 | 1943 | 608 | 382 |
| 科教项目支出 Science and Education Project Payment | 95 | 6454 | 789 | 63 | 16 | 5 |
| 管理费用 Administrative Cost | 3362 | 31872 | 12822 | 5652 | 2057 | 1686 |
| 其他支出 Others | 267 | 3811 | 1121 | 384 | 156 | 143 |
| **次均门诊费用(元) Average Medical Expense per Visit (Yuan)** | **237.6** | **441.1** | **332.6** | **246.8** | **191.0** | **170.5** |
| #药费 Drug | 109.3 | 234.6 | 161.2 | 116.3 | 82.3 | 68.7 |
| **人均住院费用(元) Average Medical Expense per Inpatient (Yuan)** | **8953.3** | **21544.8** | **16709.4** | **10972.9** | **6641.1** | **4656.3** |
| #药费 Drug | 3266.6 | 7705.0 | 6055.7 | 4085.7 | 2401.2 | 1670.3 |

# 综合医院次均门诊费用

## Average Medical Expense per Visit in General Hospitals

| 年份<br>Year | 次均门诊费用（元）<br>Medical Expense Per Visit (Yuan) | | | 占门诊费用%<br>As % of Outpatient Expense | |
|---|---|---|---|---|---|
| | | 药费<br>Drug | 检查费<br>Examination | 药费<br>Drug | 检查费<br>Examination |
| 合计 Total | | | | | |
| 2014 | 224.9 | 105.6 | 47.6 | 47.0 | 21.2 |
| 2015 | 237.6 | 109.3 | 50.1 | 46.0 | 21.1 |
| 部属 Ministry Hospitals | | | | | |
| 2014 | 409.4 | 218.0 | 66.2 | 53.3 | 16.2 |
| 2015 | 441.1 | 234.6 | 69.9 | 53.2 | 15.8 |
| 省属 Provincial Hospitals | | | | | |
| 2014 | 316.9 | 156.7 | 57.7 | 49.5 | 18.2 |
| 2015 | 332.6 | 161.2 | 59.6 | 48.5 | 17.9 |
| 地级市属 Hospitals of Prefecture Cities | | | | | |
| 2014 | 233.9 | 113.1 | 48.8 | 48.4 | 20.9 |
| 2015 | 246.8 | 116.3 | 51.9 | 47.1 | 21.0 |
| 县级市属 Hospitals of County-level Cities | | | | | |
| 2014 | 183.3 | 80.9 | 40.6 | 44.2 | 22.1 |
| 2015 | 191.0 | 82.3 | 42.2 | 43.1 | 22.1 |
| 县属 County Hospitals | | | | | |
| 2014 | 162.1 | 67.3 | 43.6 | 41.5 | 26.9 |
| 2015 | 170.5 | 68.7 | 46.0 | 40.3 | 27.0 |

注：本表系政府办综合医院数字。

Note: Data in this table are of government-run general hospitals.

# 综合医院人均住院费用

Average Medical Expense per Inpatient in General Hospitals

| 年份<br>Year | 人均住院费用（元）<br>Medical Expense Per Inpatient (Yuan) | 药费<br>Drug | 检查费<br>Examination | 占住院费用%<br>As % of Inpatient Expense<br>药费<br>Drug | 检查费<br>Examination |
|---|---|---|---|---|---|
| 合计 Total | | | | | |
| 2014 | 8397.3 | 3196.5 | 704.8 | 38.1 | 8.4 |
| 2015 | 8953.3 | 3266.6 | 775.6 | 36.5 | 8.7 |
| 部属 Ministry Hospitals | | | | | |
| 2014 | 20535.5 | 7621.2 | 1394.5 | 37.1 | 6.8 |
| 2015 | 21544.8 | 7705.0 | 1518.8 | 35.8 | 7.0 |
| 省属 Provincial Hospitals | | | | | |
| 2014 | 15948.5 | 5989.9 | 1272.5 | 37.6 | 8.0 |
| 2015 | 16709.4 | 6055.7 | 1350.8 | 36.2 | 8.1 |
| 地级市属 Hospitals of Prefecture Cities | | | | | |
| 2014 | 10409.5 | 3989.5 | 939.9 | 38.3 | 9.0 |
| 2015 | 10972.9 | 4085.7 | 1018.4 | 37.2 | 9.3 |
| 县级市属 Hospitals of County-level Cities | | | | | |
| 2014 | 6359.9 | 2426.7 | 540.1 | 38.2 | 8.5 |
| 2015 | 6641.1 | 2401.2 | 587.5 | 36.2 | 8.8 |
| 县属 County Hospitals | | | | | |
| 2014 | 4401.3 | 1694.7 | 360.6 | 38.5 | 8.2 |
| 2015 | 4656.3 | 1670.3 | 401.2 | 35.9 | 8.6 |

注：本表系政府办综合医院数字。

Note: Data in this table are of government-run general hospitals.

# 居民两周患病率

Two-week Morbidity Rates

| 指标<br>Indicator | 合计 Total | | 城市 Urban | | 农村 Rural | |
|---|---|---|---|---|---|---|
| | 2008 | 2013 | 2008 | 2013 | 2008 | 2013 |
| **两周患病率（‰）** | **188.6** | **257.1** | **222.0** | **300.5** | **176.7** | **215.8** |
| Two-week Morbidity Rate | | | | | | |
| 男性 Male | 170.4 | 238.6 | 202.6 | 285.6 | 159.4 | 195.3 |
| 女性 Female | 206.8 | 275.2 | 240.4 | 314.8 | 194.3 | 236.4 |
| **年龄别两周患病率（‰）** | | | | | | |
| Two-week Morbidity Rate By Age Group | | | | | | |
| 0～4 | 174.2 | 107.4 | 146.7 | 116.3 | 179.8 | 100.9 |
| 5～14 | 76.9 | 54.9 | 63.9 | 60.5 | 79.8 | 50.9 |
| 15～24 | 49.7 | 39.7 | 50.6 | 45.4 | 49.5 | 34.8 |
| 25～34 | 74.9 | 60.9 | 63.2 | 65.1 | 79.6 | 55.9 |
| 35～44 | 136.0 | 135.1 | 101.6 | 140.9 | 147.6 | 129.3 |
| 45～54 | 227.2 | 262.7 | 213.8 | 286.2 | 232.8 | 242.0 |
| 55～64 | 322.7 | 447.7 | 355.1 | 500.9 | 310.0 | 395.3 |
| 65+ | 465.9 | 655.9 | 580.9 | 773.0 | 398.2 | 519.2 |

资料来源：2008、2013年国家卫生服务调查，以下3表同。

Source: National Health Services Survey in 2008 and 2013. The following 3 tables are from the same survey.

## 疾病别两周患病率（2008年）

Two-week Morbidity Rates by Disease (2008)

| 顺序 Rank | 合计 Total 疾病名称 Diseases | 合计 Total 患病率 MR (‰) | 城市 Urban 疾病名称 Diseases | 城市 Urban 患病率 MR (‰) | 农村 Rural 疾病名称 Diseases | 农村 Rural 患病率 MR (‰) |
|---|---|---|---|---|---|---|
| 1 | 高血压 Hypertension | 31.4 | 高血压 Hypertension | 60.8 | 高血压 Hypertension | 20.9 |
| 2 | 急性上感 Acute Upper Respiratory Infections | 18.2 | 糖尿病 Diabetes Mellitus | 15.5 | 急性上感 Acute Upper Respiratory Infections | 20.3 |
| 3 | 急性鼻咽炎 Acute Nasopharyngitis | 15.4 | 急性鼻咽炎 Acute Nasopharyngitis | 13.8 | 急性鼻咽炎 Acute Nasopharyngitis | 16.0 |
| 4 | 胃肠炎 Gastroenteritis | 13.6 | 急性上感 Acute Upper Respiratory Infections | 12.4 | 胃肠炎 Gastroenteritis | 15.4 |
| 5 | 类风湿关节炎 Rheumatoid Arthritis | 7.6 | 胃肠炎 Gastroenteritis | 8.6 | 类风湿关节炎 Rheumatoid Arthritis | 8.6 |
| 6 | 椎间盘疾病 Intervertebral Disc Disorders | 6.8 | 缺血性心脏病 Ischaemic Heart Disease | 7.9 | 椎间盘疾病 Intervertebral Disc Disorders | 6.9 |
| 7 | 糖尿病 Diabetes Mellitus | 6.0 | 脑血管病 Cerebrovascular Disease | 7.7 | 脑血管病 Cerebrovascular Disease | 5.2 |
| 8 | 脑血管病 Cerebrovascular Disease | 5.8 | 椎间盘疾病 Intervertebral Disc Disorders | 6.5 | 慢性阻塞性肺病 COPD | 4.4 |
| 9 | 流行性感冒 Flu | 4.4 | 类风湿关节炎 Rheumatoid Arthritis | 4.8 | 流行性感冒 Flu | 4.3 |
| 10 | 慢性阻塞性肺病 COPD | 4.1 | 流行性感冒 Flu | 4.7 | 胆结石胆囊炎 Cholelith & Cholecystitis | 3.0 |

## 疾病别两周患病率（2013年）

Two-week Morbidity Rates by Disease (2013)

| 顺序 Rank | 合计 Total | | 城市 Urban | | 农村 Rural | |
|---|---|---|---|---|---|---|
| | 疾病名称 Diseases | 患病率 MR (‰) | 疾病名称 Diseases | 患病率 MR (‰) | 疾病名称 Diseases | 患病率 MR (‰) |
| 1 | 高血压 Hypertension | 104.7 | 高血压 Hypertension | 129.9 | 高血压 Hypertension | 80.8 |
| 2 | 糖尿病 Diabetes Mellitus | 27.9 | 糖尿病 Diabetes Mellitus | 40.9 | 急性鼻咽炎 Acute Nasopharyngitis | 18.1 |
| 3 | 急性鼻咽炎 Acute Nasopharyngitis | 19.3 | 急性鼻咽炎 Acute Nasopharyngitis | 20.6 | 糖尿病 Diabetes Mellitus | 15.5 |
| 4 | 急性上感 Acute Upper Respiratory Infections | 12.3 | 急性上感 Acute Upper Respiratory Infections | 12.5 | 急性上感 Acute Upper Respiratory Infections | 12.1 |
| 5 | 胃肠炎 Gastroenteritis | 7.9 | 胃肠炎 Gastroenteritis | 7.3 | 胃肠炎 Gastroenteritis | 8.5 |
| 6 | 椎间盘疾病 Intervertebral Disc Disorders | 6.6 | 脑血管病 Cerebrovascular Disease | 6.7 | 椎间盘疾病 Intervertebral Disc Disorders | 7.3 |
| 7 | 脑血管病 Cerebrovascular Disease | 6.4 | 椎间盘疾病 Intervertebral Disc Disorders | 5.9 | 脑血管病 Cerebrovascular Disease | 6.2 |
| 8 | 类风湿关节炎 Rheumatoid Arthritis | 4.5 | 缺血性心脏病 Ischaemic Heart Disease | 5.0 | 类风湿关节炎 Rheumatoid Arthritis | 5.1 |
| 9 | 流行性感冒 Flu | 4.3 | 流行性感冒 Flu | 4.0 | 流行性感冒 Flu | 4.6 |
| 10 | 缺血性心脏病 Ischaemic Heart Disease | 4.0 | 类风湿关节炎 Rheumatoid Arthritis | 3.9 | 慢性阻塞性肺病 COPD | 3.2 |

# 居民慢性病患病率

Morbidity Rates of Chronic Diseases

| 指标 Indicator | 合计 Total | | 城市 Urban | | 农村 Rural | |
|---|---|---|---|---|---|---|
| | 2008 | 2013 | 2008 | 2013 | 2008 | 2013 |
| **慢性病患病率(‰)** Morbidity Rate of Chronic Diseases | | | | | | |
| 按人数计算 Computed by Patients | 157.4 | 243.0 | 205.3 | 260.8 | 140.4 | 225.1 |
| 按例数计算 Computed by Cases | 199.9 | 327.2 | 282.8 | 362.7 | 170.5 | 291.7 |
| **居民前十种慢性疾病患病率(‰)** Morbidity Rates of 10 Main Chronic Diseases | | | | | | |
| 高血压 Hypertension | 54.9 | 139.8 | 100.8 | 159.1 | 38.5 | 120.5 |
| 胃肠炎 Gastroenteritis | 10.7 | 12.0 | 7.9 | 10.8 | 11.7 | 13.2 |
| 糖尿病 Diabetes Mellitus | 10.7 | 34.2 | 27.5 | 47.6 | 4.8 | 20.9 |
| 类风湿关节炎 Rheumatoid Arthritis | 10.2 | 9.7 | 7.2 | 8.0 | 11.3 | 11.4 |
| 脑血管病 Cerebrovascular Disease | 9.7 | 12.2 | 13.6 | 12.1 | 8.3 | 12.3 |
| 椎间盘疾病 Intervertebral Disorders | 9.5 | 14.7 | 10.2 | 13.3 | 9.3 | 16.1 |
| 慢性阻塞性肺病 COPD | 6.9 | 7.2 | 6.6 | 6.2 | 7.1 | 8.1 |
| 缺血性心脏病 Ischaemic Heart Disease | 6.0 | 7.6 | 12.7 | 8.9 | 3.7 | 6.2 |
| 胆结石胆囊炎 Cholelith and Cholecystitis | 5.1 | 5.0 | 5.0 | 4.9 | 5.2 | 5.1 |
| 消化性溃疡 Peptic Ulcer | 3.3 | 2.4 | 2.8 | 2.1 | 3.5 | 2.6 |

## 居民两周就诊情况

Statistics of Two-week Medical Consultation

| 指标<br>Indicator | 合计Total | | 城市 Urban | | 农村 Rural | |
|---|---|---|---|---|---|---|
| | 2008 | 2013 | 2008 | 2013 | 2008 | 2013 |
| 两周就诊率(‰) | 145.4 | 130.4 | 127.2 | 132.9 | 151.9 | 128.0 |
| Two-week Medical Consultation Rate (‰) | | | | | | |
| 男性 Male | 131.3 | 119.3 | 113.0 | 122.2 | 137.6 | 116.7 |
| 女性 Female | 159.5 | 141.2 | 140.4 | 143.1 | 166.6 | 139.3 |
| 两周新发未就诊比例(%) | 38.2 | 30.5 | 47.9 | 36.3 | 35.6 | 25.0 |
| Two-weeks Rate of Untreated Patients (%) | | | | | | |
| 男性 Male | 38.1 | 30.0 | 47.8 | 36.4 | 35.7 | 24.1 |
| 女性 Female | 38.2 | 31.0 | 48.0 | 36.2 | 35.4 | 25.8 |

资料来源:2008、2013年国家卫生服务调查。下表同。

Source: National Health Services Survey in 2008 and 2013. The same for the table below.

## 居民住院情况

Statistics of Residents Hospitalization

| 指标<br>Indicator | 合计Total | | 城市 Urban | | 农村 Rural | |
|---|---|---|---|---|---|---|
| | 2008 | 2013 | 2008 | 2013 | 2008 | 2013 |
| 住院率(‰) | 68.4 | 90.4 | 70.8 | 90.8 | 67.5 | 90.0 |
| Hospitalization Rate(‰) | | | | | | |
| 男性 Male | 60.4 | 80.0 | 65.8 | 81.8 | 58.5 | 78.3 |
| 女性 Female | 76.4 | 100.6 | 75.6 | 99.3 | 76.7 | 101.9 |

# 城市医院住院病人前十位疾病构成

Percentage of 10 Leading Diseases of Inpatients in City Hospitals

| 顺序 Rank | 2014 | | 2015 | |
|---|---|---|---|---|
| | 疾病种类 Diseases (ICD-10) | 构成 (%) | 疾病种类 Diseases (ICD-10) | 构成 (%) |
| 1 | 呼吸系病 Diseases of the Respiratory System | 10.88 | 呼吸系病 Diseases of the Respiratory System | 11.01 |
| 2 | 消化系病 Diseases of the Digestive System | 10.08 | 消化系病 Diseases of the Digestive System | 10.14 |
| 3 | 妊娠、分娩和产褥期病 Pregnancy,childbirth & the Puerperium | 7.36 | 泌尿生殖系病 Diseases of the Genitourinary System | 6.59 |
| 4 | 损伤、中毒和外因 Injury, Poisoning & External Causes | 6.61 | 损伤、中毒和外因 Injury, Poisoning & External Causes | 6.44 |
| 5 | 泌尿生殖系病 Diseases of the Genitourinary System | 6.56 | 妊娠、分娩和产褥期病 Pregnancy,childbirth & the Puerperium | 6.36 |
| 6 | 恶性肿瘤 Malignant Neoplasms | 6.08 | 恶性肿瘤 Malignant Neoplasms | 5.85 |
| 7 | 脑血管病 Cerebrovascular Disease | 5.59 | 脑血管病 Cerebrovascular Disease | 5.73 |
| 8 | 缺血性心脏病 Ischaemic Heart Disease | 5.06 | 缺血性心脏病 Ischaemic Heart Disease | 5.10 |
| 9 | 内分泌、营养和代谢疾病 Endocrine,Nutritional & Metabolic Diseases | 3.92 | 内分泌、营养和代谢疾病 Endocrine,Nutritional & Metabolic Diseases | 3.91 |
| 10 | 肌肉骨骼系统和结缔组织疾病 Musculoskeletal System and Connective Tissue Diseases | 3.65 | 肌肉骨骼系统和结缔组织疾病 Musculoskeletal System and Connective Tissue Diseases | 3.84 |
| | **十种疾病合计 Total** | **65.79** | **十种疾病合计 Total** | **64.97** |

注：本表系政府办综合医院数字。

Note: Data in this table are of government-run general hospitals.

# 县级医院住院病人前十位疾病构成

## Percentage of 10 Leading Diseases of Inpatients in County-level Hospitals

| 顺序 Rank | 2014 疾病种类 Diseases (ICD-10) | 2014 构成 (%) | 2015 疾病种类 Diseases (ICD-10) | 2015 构成 (%) |
|---|---|---|---|---|
| 1 | 呼吸系病 Diseases of the Respiratory System | 17.31 | 呼吸系病 Diseases of the Respiratory System | 17.37 |
| 2 | 妊娠、分娩和产褥期病 Pregnancy, Childbirth and the Puerperium | 12.51 | 消化系病 Diseases of the Digestive System | 11.10 |
| 3 | 消化系病 Diseases of the Digestive System | 10.84 | 妊娠、分娩和产褥期病 Pregnancy, Childbirth and the Puerperium | 11.01 |
| 4 | 损伤、中毒和外因 Injury, Poisoning and External Causes | 10.56 | 损伤、中毒和外因 Injury, Poisoning and External Causes | 10.48 |
| 5 | 脑血管病 Cerebrovascular Disease | 6.69 | 脑血管病 Cerebrovascular Disease | 6.77 |
| 6 | 泌尿生殖系病 Disease of the Genitourinary System | 5.38 | 泌尿生殖系病 Disease of the Genitourinary System | 5.76 |
| 7 | 缺血性心脏病 Ischaemic Heart Disease | 4.23 | 缺血性心脏病 Ischaemic Heart Disease | 4.22 |
| 8 | 传染病和寄生虫病 Certain Infectious & Parasitic Diseases | 4.19 | 传染病和寄生虫病 Certain Infectious & Parasitic Diseases | 3.72 |
| 9 | 恶性肿瘤 Malignant Neoplasms | 4.06 | 肌肉骨骼系统和结缔组织疾病 Musculoskeletal System and Connective Tissue Diseases | 3.14 |
| 10 | 肌肉骨骼系统和结缔组织疾病 Musculoskeletal System and Connective Tissue Diseases | 2.93 | 恶性肿瘤 Malignant Neoplasms | 2.69 |
| | **十种疾病合计 Total** | **78.69** | **十种疾病合计 Total** | **76.26** |

注：①本表系政府办综合医院数字；②县级医院包括县和县级市医院。

Note: ①Data in this table are of government-run general hospitals; ②County-level hospitals include county hospitals and hospitals of county-level cities.

# 四、基层卫生服务

# Grass-roots Health Care Services

# 基层医疗卫生机构诊疗人次（亿人次）

Number of Visits in Grass-roots Health Care Institutions(100 Millions)

| | 2010 | 2011 | 2012 | 2013 | 2014 | 2015 |
|---|---|---|---|---|---|---|
| **总计<br>Total** | **36.12** | **38.06** | **41.09** | **43.24** | **43.64** | **43.42** |
| 社区卫生服务中心<br>Community Health Centers | 3.47 | 4.09 | 4.55 | 5.08 | 5.36 | 5.59 |
| #政府办<br>Governmental-run | 3.22 | 3.71 | 4.03 | 4.22 | 4.43 | 4.64 |
| 社区卫生服务站<br>Community Health Stations | 1.37 | 1.37 | 1.44 | 1.49 | 1.49 | 1.47 |
| #政府办<br>Government-run | 0.43 | 0.46 | 0.41 | 0.40 | 0.35 | 0.33 |
| 街道卫生院<br>Sub-district Health Centers | 0.27 | 0.11 | 0.10 | 0.10 | 0.09 | 0.08 |
| 乡镇卫生院<br>Township Health Centers | 8.74 | 8.66 | 9.68 | 10.07 | 10.29 | 10.55 |
| #政府办<br>Government-run | 8.62 | 8.56 | 9.60 | 10.00 | 10.21 | 10.46 |
| 村卫生室<br>Village Clinics | 16.57 | 17.92 | 19.27 | 20.12 | 19.86 | 18.94 |
| 门诊部<br>Outpatient Departments | 0.66 | 0.71 | 0.75 | 0.84 | 0.88 | 0.94 |
| 诊所(医务室)<br>Clinics | 5.03 | 5.19 | 5.30 | 5.54 | 5.67 | 5.85 |

# 各地区基层医疗卫生机构诊疗人次（2015年）

## Number of Visits in Grass-roots Health Care Institutions by Region (2015)

| 地　区 | Region | 诊疗量合计 Total Visits (10000) | 社区卫生服务中心 Community Health Center | 社区卫生服务站 Community Health Station | 乡镇卫生院 Township Health Center | 村卫生室 Village Clinic |
|---|---|---|---|---|---|---|
| **总　计** | **Total** | **434192.7** | **55902.6** | **14742.5** | **105464.3** | **189406.9** |
| 东　部 | Eastern | 208976.7 | 44178.0 | 7645.8 | 41892.2 | 81614.3 |
| 中　部 | Central | 122102.7 | 6166.2 | 4008.0 | 31577.3 | 66403.4 |
| 西　部 | Western | 103113.4 | 5558.4 | 3088.7 | 31994.9 | 41389.2 |
| 北　京 | Beijing | 6594.5 | 4359.1 | 531.1 | — | 379.2 |
| 天　津 | Tianjin | 4496.1 | 1548.6 | 324.7 | 679.2 | 1050.0 |
| 河　北 | Hebei | 29328.1 | 675.2 | 1035.6 | 4518.7 | 19518.2 |
| 山　西 | Shanxi | 7261.9 | 338.4 | 412.5 | 1517.7 | 3354.3 |
| 内蒙古 | Inner Mongolia | 5269.8 | 382.1 | 418.8 | 1181.1 | 2046.7 |
| 辽　宁 | Liaoning | 9234.5 | 975.4 | 536.1 | 1606.7 | 4073.9 |
| 吉　林 | Jilin | 5420.4 | 376.8 | 90.7 | 940.2 | 2634.3 |
| 黑龙江 | Heilongjiang | 5060.2 | 595.3 | 137.8 | 963.7 | 2509.0 |
| 上　海 | Shanghai | 10464.5 | 8674.0 | 0.0 | — | 673.5 |
| 江　苏 | Jiangsu | 29152.6 | 6462.6 | 1402.5 | 8216.6 | 9357.6 |
| 浙　江 | Zhejiang | 26459.7 | 8448.5 | 388.9 | 8825.0 | 3996.5 |
| 安　徽 | Anhui | 16180.9 | 1037.7 | 1058.1 | 4616.7 | 8213.6 |
| 福　建 | Fujian | 10823.5 | 1228.8 | 342.9 | 2589.5 | 4374.8 |
| 江　西 | Jiangxi | 14000.4 | 354.0 | 331.2 | 3117.1 | 9042.6 |
| 山　东 | Shandong | 40758.8 | 1741.0 | 1515.5 | 7522.7 | 24665.8 |

续表 Continued

| 地 区 Region | 诊疗量合计 Total Visits (10000) | 社区卫生服务中心 Community Health Center | 社区卫生服务站 Community Health Station | 乡镇卫生院 Township Health Center | 村卫生室 Village Clinic |
|---|---|---|---|---|---|
| 河 南 Henan | 37155.1 | 1184.2 | 1008.3 | 10456.4 | 22152.6 |
| 湖 北 Hubei | 21495.0 | 1479.9 | 739.8 | 5914.2 | 10608.6 |
| 湖 南 Hunan | 15528.8 | 799.8 | 229.6 | 4051.4 | 7888.4 |
| 广 东 Guangdong | 38931.1 | 9960.5 | 1364.7 | 6807.7 | 12765.8 |
| 广 西 Guangxi | 14655.8 | 733.9 | 177.2 | 5124.0 | 5493.8 |
| 海 南 Hainan | 2733.2 | 104.3 | 203.8 | 1126.1 | 758.8 |
| 重 庆 Chongqing | 7883.7 | 665.1 | 137.6 | 2051.8 | 3013.5 |
| 四 川 Sichuan | 27610.8 | 1793.9 | 481.3 | 9173.4 | 10651.3 |
| 贵 州 Guizhou | 7901.5 | 198.0 | 291.3 | 2464.4 | 3684.2 |
| 云 南 Yunnan | 13160.2 | 401.0 | 250.0 | 4643.1 | 5717.1 |
| 西 藏 Tibet | 797.5 | 4.3 | 1.3 | 380.2 | 155.6 |
| 陕 西 Shaanxi | 9754.3 | 467.8 | 302.9 | 2143.2 | 4974.3 |
| 甘 肃 Gansu | 8218.5 | 338.7 | 359.2 | 1957.8 | 3778.0 |
| 青 海 Qinghai | 1143.0 | 71.7 | 174.8 | 252.3 | 459.8 |
| 宁 夏 Ningxia | 1687.4 | 25.5 | 144.3 | 613.2 | 488.2 |
| 新 疆 Xinjiang | 5030.9 | 476.5 | 350.0 | 2010.4 | 926.5 |

# 基层医疗卫生机构入院人数（万人）

Number of Inpatients in Grass-roots Health Care Institutions(10000)

| | 2010 | 2011 | 2012 | 2013 | 2014 | 2015 |
|---|---|---|---|---|---|---|
| **总计 Total** | **3949.9** | **3774.7** | **4254.0** | **4300.7** | **4094.2** | **4036.6** |
| 社区卫生服务中心 Community Health Centers | 218.1 | 247.3 | 269.0 | 292.1 | 298.1 | 305.5 |
| #政府办 Governmental-run | 182.7 | 204.2 | 215.0 | 233.4 | 237.0 | 242.0 |
| 社区卫生服务站 Community Health Stations | 43.5 | 42.2 | 40.0 | 30.1 | 23.0 | 16.5 |
| #政府办 Government-run | 11.9 | 10.0 | 9.8 | 5.5 | 4.5 | 4.1 |
| 街道卫生院 Sub-district Health Centers | 46.6 | 23.4 | 23.7 | 20.9 | 19.5 | 17.8 |
| 乡镇卫生院 Township Health Centers | 3630.4 | 3448.8 | 3907.5 | 3937.2 | 3732.6 | 3676.1 |
| #政府办 Government-run | 3595.4 | 3416.8 | 3879.3 | 3911.6 | 3705.3 | 3647.0 |
| 门诊部 Outpatient Departments | 11.3 | 12.9 | 14.2 | 20.3 | 20.8 | 20.4 |

# 各地区基层医疗卫生机构入院人数（2015年）

## Number of Inpatients in Grass-roots Health Care Institutions by Region (2015)

| 地 区 Region | 入院人数合计 Total Inpatients (10000) | 社区卫生服务中心 Community Health Centers | 乡镇卫生院 Township Health Centers |
|---|---|---|---|
| **总 计 Total** | **4036.6** | **305.5** | **3676.1** |
| 东 部 Eastern | 1060.2 | 112.4 | 932.7 |
| 中 部 Central | 1487.2 | 107.3 | 1358.1 |
| 西 部 Western | 1489.3 | 85.8 | 1385.3 |
| 北 京 Beijing | 2.2 | 2.2 | — |
| 天 津 Tianjin | 9.2 | 1.2 | 8.0 |
| 河 北 Hebei | 165.9 | 6.0 | 155.3 |
| 山 西 Shanxi | 49.4 | 3.3 | 40.1 |
| 内蒙古 Inner Mongolia | 36.9 | 4.1 | 32.1 |
| 辽 宁 Liaoning | 63.0 | 7.2 | 55.2 |
| 吉 林 Jilin | 20.0 | 2.4 | 17.3 |
| 黑龙江 Heilongjiang | 70.9 | 7.2 | 61.2 |
| 上 海 Shanghai | 8.4 | 8.4 | — |
| 江 苏 Jiangsu | 190.5 | 33.4 | 156.9 |
| 浙 江 Zhejiang | 31.4 | 6.3 | 24.1 |
| 安 徽 Anhui | 173.5 | 12.7 | 160.5 |
| 福 建 Fujian | 93.0 | 6.2 | 86.7 |
| 江 西 Jiangxi | 208.3 | 5.3 | 200.6 |
| 山 东 Shandong | 279.6 | 21.5 | 253.5 |

**续表** Continued

| 地区 Region | 入院人数合计 Total Inpatients (10000) | 社区卫生服务中心 Community Health Centers | 乡镇卫生院 Township Health Centers |
|---|---|---|---|
| 河南 Henan | 309.3 | 18.1 | 289.0 |
| 湖北 Hubei | 268.3 | 31.0 | 234.3 |
| 湖南 Hunan | 387.5 | 27.4 | 355.0 |
| 广东 Guangdong | 205.2 | 17.8 | 184.6 |
| 广西 Guangxi | 260.2 | 3.1 | 257.1 |
| 海南 Hainan | 11.8 | 2.3 | 8.4 |
| 重庆 Chongqing | 182.6 | 25.7 | 151.8 |
| 四川 Sichuan | 453.6 | 21.1 | 425.7 |
| 贵州 Guizhou | 141.9 | 9.8 | 130.4 |
| 云南 Yunnan | 144.1 | 7.8 | 135.9 |
| 西藏 Tibet | 2.8 | 0.0 | 2.8 |
| 陕西 Shaanxi | 79.6 | 5.0 | 74.0 |
| 甘肃 Gansu | 65.0 | 3.8 | 59.5 |
| 青海 Qinghai | 11.0 | 0.9 | 10.1 |
| 宁夏 Ningxia | 6.1 | 0.0 | 5.8 |
| 新疆 Xinjiang | 105.4 | 4.4 | 100.0 |

## 社区卫生服务中心（站）工作量

Workload of Community Health Centers (Stations)

| 年份 Year | 社区卫生服务中心 Community Health Center | | | | 社区卫生服务站诊疗人次 Visits in Community Health Station (10000) |
|---|---|---|---|---|---|
| | 诊疗人次 Visits (10000) | 入院人数 Inpatients (10000) | 病床使用率 Occupancy Rate (%) | 平均住院日 Average Lengths of Stay | |
| 2010 | 34740.4 | 218.1 | 56.1 | 10.4 | 13711.1 |
| 2011 | 40945.2 | 247.3 | 54.4 | 10.2 | 13703.8 |
| 2012 | 45475.1 | 268.7 | 55.5 | 10.1 | 14393.6 |
| 2013 | 50788.6 | 292.1 | 57.0 | 9.8 | 14921.2 |
| 2014 | 53618.8 | 298.1 | 55.6 | 9.9 | 14912.0 |
| 2015 | 55902.6 | 305.5 | 54.7 | 9.8 | 14742.5 |

## 社区卫生服务中心病人医药费用

Average Medical Expense per Capita in Community Health Centers

| 年份 Year | 2010 | 2011 | 2012 | 2013 | 2014 | 2015 |
|---|---|---|---|---|---|---|
| 次均门诊费用(元) Average Medical Expense per Outpatient Visit (Yuan) | 82.8 | 81.5 | 84.6 | 86.5 | 92.3 | 97.7 |
| #药费 Drug | 58.7 | 54.9 | 58.5 | 59.4 | 63.5 | 67.3 |
| 药费占比 Drug % | 70.9 | 67.4 | 69.1 | 68.7 | 68.7 | 68.9 |
| 人均住院费用(元) Average Medical Expense per Inpatient (Yuan) | 2357.6 | 2315.1 | 2417.9 | 2482.7 | 2635.2 | 2760.6 |
| #药费 Drug | 1162.4 | 1061.4 | 1125.0 | 1130.6 | 1161.5 | 1189.7 |
| 药费占比 Drug % | 49.3 | 45.8 | 46.5 | 45.5 | 44.1 | 43.1 |

## 乡镇卫生院工作量

Workload of Township Health Centers

| 年份 Year | 诊疗人次 Visits (100 Millions) | 入院人数 Inpatients (10000) | 病床周转次数(次) Turnovers of Beds (Times) | 病床使用率 Occupancy Rate (%) | 平均住院日 Average Lengths of Stay (Day) |
|---|---|---|---|---|---|
| 2010 | 8.74 | 3630 | 38.4 | 59.0 | 5.2 |
| 2011 | 8.66 | 3449 | 35.2 | 58.1 | 5.6 |
| 2012 | 9.68 | 3908 | 37.4 | 62.1 | 5.7 |
| 2013 | 10.07 | 3937 | 36.2 | 62.8 | 5.9 |
| 2014 | 10.29 | 3733 | 33.2 | 60.5 | 6.3 |
| 2015 | 10.55 | 3676 | 32.0 | 59.9 | 6.4 |

## 乡镇卫生院病人医药费用

Average Medical Expense per Capita in Township Health Centers

| | 2010 | 2011 | 2012 | 2013 | 2014 | 2015 |
|---|---|---|---|---|---|---|
| 次均门诊费用(元) Average Medical Expense per Visit(Yuan) | 47.5 | 47.5 | 49.2 | 52.7 | 56.9 | 60.1 |
| #药费 Drug | 28.7 | 25.3 | 27.0 | 28.7 | 30.9 | 32.6 |
| 药费占比 Drug % | 60.4 | 53.3 | 54.8 | 54.5 | 54.3 | 54.2 |
| 人均住院费用(元) Average Medical Expense per Inpatient (Yuan) | 1004.6 | 1051.3 | 1140.7 | 1267.0 | 1382.9 | 1487.4 |
| #药费 Drug | 531.1 | 492.4 | 550.0 | 592.9 | 632.7 | 675.4 |
| 药费占比 Drug % | 52.9 | 46.8 | 48.2 | 46.8 | 45.8 | 45.4 |

# 各地区社区卫生服务中心（站）和乡镇卫生院门诊量占医疗卫生机构门诊总量的比重（%）

## Visits of Community & Township Health Centers as % of Total Visits by Region

| 地 区 Region | 2014 | 2015 | 地 区 Region | 2014 | 2015 |
|---|---|---|---|---|---|
| **总 计 Total** | **22.5** | **22.9** | 江 西 Jiangxi | 17.0 | 18.2 |
| 东 部 Eastern | 23.6 | 23.8 | 山 东 Shandong | 17.6 | 17.5 |
| 中 部 Central | 20.5 | 21.1 | 河 南 Henan | 21.5 | 22.8 |
| 西 部 Western | 22.5 | 22.8 | 湖 北 Hubei | 23.3 | 23.3 |
| | | | 湖 南 Hunan | 20.4 | 19.8 |
| 北 京 Beijing | 22.7 | 22.5 | 广 东 Guangdong | 23.0 | 23.1 |
| 天 津 Tianjin | 20.8 | 21.5 | 广 西 Guangxi | 23.3 | 24.0 |
| 河 北 Hebei | 14.7 | 14.8 | 海 南 Hainan | 31.6 | 30.9 |
| 山 西 Shanxi | 17.9 | 18.1 | 重 庆 Chongqing | 21.0 | 19.7 |
| 内蒙古 Inner Mongolia | 20.4 | 19.8 | 四 川 Sichuan | 25.3 | 25.4 |
| 辽 宁 Liaoning | 16.9 | 16.8 | 贵 州 Guizhou | 21.5 | 22.4 |
| 吉 林 Jilin | 13.5 | 13.4 | 云 南 Yunnan | 22.2 | 23.2 |
| 黑龙江 Heilongjiang | 14.6 | 14.8 | 西 藏 Tibet | 28.7 | 28.0 |
| 上 海 Shanghai | 33.9 | 33.7 | 陕 西 Shaanxi | 16.3 | 16.6 |
| 江 苏 Jiangsu | 29.4 | 29.5 | 甘 肃 Gansu | 21.7 | 21.2 |
| 浙 江 Zhejiang | 33.3 | 33.3 | 青 海 Qinghai | 22.2 | 21.9 |
| 安 徽 Anhui | 24.5 | 25.4 | 宁 夏 Ningxia | 21.5 | 21.9 |
| 福 建 Fujian | 18.1 | 19.6 | 新 疆 Xinjiang | 25.9 | 27.5 |

# 各地区基层医疗卫生机构病床使用率（2015年）

Bed Occupancy Rate of Grass-roots Health Care Institution by Region (2015)

| 地 区 Region | 社区卫生服务中心 Community Health Centers (%) | 乡镇卫生院 Township Health Centers (%) | 地 区 Region | 社区卫生服务中心 Community Health Centers (%) | 乡镇卫生院 Township Health Centers (%) |
|---|---|---|---|---|---|
| **总 计 Total** | **54.7** | **59.9** | 江 西 Jiangxi | 51.5 | 70.7 |
| 东 部 Eastern | 54.2 | 54.3 | 山 东 Shandong | 48.8 | 55.6 |
| 中 部 Central | 53.4 | 63.3 | 河 南 Henan | 51.3 | 62.6 |
| 西 部 Western | 57.5 | 61.3 | 湖 北 Hubei | 61.6 | 73.6 |
| | | | 湖 南 Hunan | 69.9 | 70.0 |
| 北 京 Beijing | 32.2 | — | 广 东 Guangdong | 55.4 | 53.3 |
| 天 津 Tianjin | 20.6 | 43.6 | 广 西 Guangxi | 53.9 | 65.3 |
| 河 北 Hebei | 43.4 | 56.5 | 海 南 Hainan | 68.5 | 34.8 |
| 山 西 Shanxi | 47.6 | 40.5 | 重 庆 Chongqing | 74.6 | 72.9 |
| 内蒙古 Inner Mongolia | 43.7 | 40.7 | 四 川 Sichuan | 61.0 | 67.1 |
| 辽 宁 Liaoning | 44.2 | 43.7 | 贵 州 Guizhou | 51.8 | 51.7 |
| 吉 林 Jilin | 26.8 | 28.3 | 云 南 Yunnan | 55.7 | 54.6 |
| 黑龙江 Heilongjiang | 42.8 | 53.9 | 西 藏 Tibet | 22.2 | 30.9 |
| 上 海 Shanghai | 86.0 | — | 陕 西 Shaanxi | 39.1 | 47.9 |
| 江 苏 Jiangsu | 50.3 | 63.4 | 甘 肃 Gansu | 53.3 | 57.1 |
| 浙 江 Zhejiang | 40.1 | 45.0 | 青 海 Qinghai | 53.6 | 52.9 |
| 安 徽 Anhui | 43.3 | 60.6 | 宁 夏 Ningxia | 22.7 | 48.3 |
| 福 建 Fujian | 36.1 | 49.9 | 新 疆 Xinjiang | 48.7 | 74.0 |

# 县级医院医疗服务情况

Statistics of Health Services in County-level Hospitals

| | 2010 | 2011 | 2012 | 2013 | 2014 | 2015 |
|---|---|---|---|---|---|---|
| **县医院** | | | | | | |
| County Hospital | | | | | | |
| 机构数(个) Hospitals | 6400 | 6943 | 7399 | 7907 | 8411 | 8919 |
| 床位数(万张) Beds (10000) | 84.6 | 94.7 | 110.0 | 123.9 | 136.4 | 146.2 |
| 人员数(万人) Personnel (10000) | 97.6 | 105.9 | 116.3 | 127.1 | 137.6 | 145.6 |
| 诊疗人次(亿人次) Visits (100 Millions) | 4.2 | 4.7 | 5.3 | 5.7 | 6.3 | 6.4 |
| 入院人数(万人) Inpatients (10000) | 2945.0 | 3361.0 | 4070.1 | 4456.6 | 4865.5 | 4999.0 |
| **县级市医院** | | | | | | |
| Hospital of County-level City | | | | | | |
| 机构数(个) Hospitals | 3221 | 3364 | 3541 | 3815 | 3954 | 4155 |
| 床位数(万张) Beds (10000) | 48.3 | 53.8 | 60.8 | 66.7 | 70.5 | 74.2 |
| 人员数(万人) Personnel (10000) | 59.1 | 63.8 | 69.5 | 75.6 | 78.9 | 81.6 |
| 诊疗人次(亿人次) Visits (100 Millions) | 2.6 | 2.9 | 3.3 | 3.6 | 3.8 | 3.9 |
| 入院人数(万人) Inpatients (10000) | 1451.4 | 1634.3 | 1922.8 | 2097.0 | 2248.7 | 2295.4 |

# 县级妇幼保健机构医疗服务情况

Statistics of Health Services in County-level MCH Institutions

| | 2010 | 2011 | 2012 | 2013 | 2014 | 2015 |
|---|---|---|---|---|---|---|
| **县妇幼保健机构** | | | | | | |
| County MCH Institution | | | | | | |
| 机构数(个) | 1586 | 1594 | 1590 | 1641 | 1602 | 1566 |
| Institutions | | | | | | |
| 床位数(张) | 53826 | 57679 | 63218 | 68651 | 71740 | 74303 |
| Beds | | | | | | |
| 人员数(人) | 86307 | 91738 | 98147 | 106147 | 110719 | 115909 |
| Personnel | | | | | | |
| 诊疗人次(万人次) | 4475.7 | 4916.0 | 5574.7 | 5932.0 | 6335.0 | 6313.6 |
| Visits (10000) | | | | | | |
| 入院人数(万人) | 231.9 | 252.7 | 286.3 | 293.1 | 305.9 | 281.1 |
| Inpatients (10000) | | | | | | |
| **县级市妇幼保健机构** | | | | | | |
| MCH Institution of County-level Cities | | | | | | |
| 机构数(个) | 397 | 400 | 396 | 407 | 400 | 392 |
| Institutions | | | | | | |
| 床位数(张) | 22506 | 23910 | 27066 | 28901 | 30549 | 31381 |
| Beds | | | | | | |
| 人员数(人) | 40406 | 43681 | 48007 | 51164 | 53641 | 56337 |
| Personnel | | | | | | |
| 诊疗人次(万人次) | 2510.1 | 2868.7 | 3327.9 | 3554.3 | 3832.8 | 3783.2 |
| Visits(10000) | | | | | | |
| 入院人数(万人) | 103.8 | 116.5 | 132.5 | 137.1 | 147.7 | 137.2 |
| Inpatients (10000) | | | | | | |

# 五、中医药服务

# Traditional Chinese Medicine Services

## 中医类医疗机构诊疗量

Number of Visits in TCM Institutions

| | 2010 | 2011 | 2012 | 2013 | 2014 | 2015 |
|---|---|---|---|---|---|---|
| **中医类诊疗总量(万人次)*** Total Visits in TCM Institutions(10000) | **61264.1** | **67531.9** | **74695.2** | **81409.4** | **87430.9** | **90912.5** |
| 中医类医院 Hospitals Specialized in TCM | 36026.5 | 39668.5 | 45120.2 | 48952.5 | 53058.1 | 54870.9 |
| 中医医院 TCM Hospitals | 32770.2 | 36120.6 | 40705.2 | 43726.3 | 47164.2 | 48502.6 |
| 中西医结合医院 Hospitals of Integrated Chinese and Western Medicine | 2702.6 | 2958.8 | 3769.1 | 4466.1 | 5101.3 | 5401.4 |
| 民族医医院 Hospitals of Traditional Ethnic Medicine | 553.8 | 589.1 | 645.9 | 760.1 | 792.6 | 966.8 |
| 中医类门诊部 Outpatient Departments Specialized in TCM | 975.9 | 1127.9 | 1290.8 | 1433.6 | 1525.5 | 1761.9 |
| 中医门诊部 TCM Outpatient Departments | 808.9 | 934.8 | 1069.5 | 1221.6 | 1304.8 | 1567.4 |
| 中西医结合门诊部 Outpatient Departments of Integrated Chinese and Western Medicine | 164.6 | 189.2 | 217.8 | 207.9 | 218.5 | 192.1 |
| 民族医门诊部 Outpatient Departments of Traditional Ethnic Medicine | 2.4 | 4.0 | 3.5 | 4.1 | 2.2 | 2.4 |
| 中医类诊所 Clinics Specialized in TCM | 9178.3 | 9981.0 | 10250.2 | 11059.3 | 11342.0 | 11781.4 |
| 中医诊所 TCM Clinics | 6796.1 | 7414.0 | 7857.7 | 8616.7 | 8870.1 | 9215.8 |
| 中西医结合诊所 Clinics of Integrated Chinese and Western Medicine | 2283.8 | 2458.0 | 2291.0 | 2341.5 | 2362.0 | 2446.7 |
| 民族医诊所 Clinics of Traditional Ethnic Medicine | 98.3 | 109.0 | 101.5 | 101.1 | 110.0 | 118.8 |
| 其他机构中医类临床科室 Clinical Department of TCM in Other Institutions | 15083.4 | 16754.5 | 18033.9 | 19964.0 | 21505.3 | 22498.3 |
| **中医类诊疗量占总诊疗量%** Visits in TCM Institutions as % of Total Visits | **14.7** | **15.1** | **15.1** | **15.4** | **15.6** | **15.7** |

注: *包括中医科各专业、中西医结合科、民族医学科。以下3表同。Note:*include department of TCM, integrated medicine, and traditional ethnic medicine.The same for the following 3 tables.

# 其他机构中医类临床科室诊疗人次

Number of Visits in Clinical Department of TCM in Other Institutions

| | 2010 | 2011 | 2012 | 2013 | 2014 | 2015 |
|---|---|---|---|---|---|---|
| **门急诊量(万人次)** Outpatient and Emergency Visits (10000) | **15083.4** | **16754.5** | **18034.0** | **19964.0** | **21505.3** | **22498.3** |
| 综合医院 General Hospitals | 8089.2 | 9057.4 | 8826.9 | 9429.7 | 10114.9 | 10069.2 |
| 专科医院 Specialized Hospitals | 390.2 | 461.0 | 496.5 | 527.8 | 570.6 | 563.5 |
| 社区卫生服务中心(站) Community Health Centers (Stations) | 2512.9 | 3074.6 | 3846.0 | 4503.5 | 5094.5 | 5571.7 |
| 乡镇卫生院 Township Health Centers | 3419.5 | 3473.7 | 4185.6 | 4756.8 | 5191.3 | 5662.9 |
| 其他机构 Others | 671.6 | 687.9 | 679.0 | 746.2 | 534.0 | 631.1 |
| **占同类机构诊疗量的%** As % of Visits in the Same Type of Institutions | | | | | | |
| 综合医院 General Hospitals | 5.4 | 5.4 | 4.7 | 4.7 | 4.6 | 4.5 |
| 专科医院 Specialized Hospitals | 2.3 | 2.5 | 2.3 | 2.2 | 2.2 | 2.0 |
| 社区卫生服务中心(站) Community Health Centers (Stations) | 5.2 | 5.6 | 6.4 | 6.9 | 7.4 | 7.9 |
| 乡镇卫生院 Township Health Centers | 3.9 | 4.0 | 4.3 | 4.7 | 5.0 | 5.4 |
| 其他机构 Others | 1.0 | 1.0 | 0.8 | 0.9 | 0.6 | 0.7 |

# 中医类医疗机构出院人数

Number of Inpatients in TCM Institutions

| | 2010 | 2011 | 2012 | 2013 | 2014 | 2015 |
|---|---|---|---|---|---|---|
| **中医类总出院人数(万人)** Total Inpatients in TCM Institutions(10000) | **1447.2** | **1670.9** | **2022.2** | **2276.0** | **2537.1** | **2691.5** |
| 中医类医院 Hospitals Specialized in TCM | 1275.7 | 1468.7 | 1798.9 | 2010.1 | 2227.1 | 2349.3 |
| 中医医院 TCM Hospitals | 1160.1 | 1341.3 | 1636.2 | 1815.7 | 2001.5 | 2091.5 |
| 中西医结合医院 Hospitals of Integrated Chinese and Western Medicine | 91.3 | 98.3 | 129.0 | 154.1 | 177.0 | 202.0 |
| 民族医医院 Hospitals of Traditional Ethnic Medicine | 24.3 | 29.1 | 33.7 | 40.2 | 48.6 | 55.8 |
| 中医类门诊部 Outpatient Departments Specialized in TCM | 0.2 | 0.3 | 0.6 | 0.8 | 2.7 | 1.9 |
| 中医门诊部 TCM Outpatient Departments | 0.2 | 0.1 | 0.3 | 0.5 | 1.9 | 1.6 |
| 中西医结合门诊部 Outpatient Departments of Chinese and Western | 0.1 | 0.2 | 0.3 | 0.3 | 0.9 | 0.3 |
| 其他机构中医类临床科室 Clinical Department of TCM in Other Institutions | 171.3 | 201.9 | 222.7 | 263.2 | 307.3 | 340.2 |
| 中医类出院人数占总出院人数的% Inpatients in TCM Institutions as % of Total Inpatients | 10.3 | 11.0 | 11.4 | 11.9 | 12.5 | 12.9 |

# 其他机构中医类临床科室出院人数

Number of Inpatients in Clinical Department of TCM in Other Institutions

| | 2010 | 2011 | 2012 | 2013 | 2014 | 2015 |
|---|---|---|---|---|---|---|
| **出院人数(万人)** Number of Inpatients(10000) | **171.3** | **201.9** | **222.7** | **263.2** | **307.3** | **340.2** |
| 综合医院 General Hospitals | 112.9 | 135.8 | 130.8 | 154.6 | 178.7 | 195.5 |
| 专科医院 Specialized Hospitals | 12.5 | 15.5 | 16.6 | 18.8 | 22.9 | 22.1 |
| 社区卫生服务中心(站) Community Health Centers (Stations) | 4.3 | 5.1 | 6.9 | 7.9 | 10.6 | 12.1 |
| 乡镇卫生院 Township Health Centers | 40.5 | 44.1 | 67.0 | 80.6 | 93.8 | 108.7 |
| 其他机构 Others | 1.2 | 1.3 | 1.4 | 1.2 | 1.3 | 1.9 |
| **占同类机构出院人数的%** As % of Inpatients in the Same Type of Institutions | | | | | | |
| 综合医院 General Hospitals | 1.5 | 1.6 | 1.3 | 1.4 | 1.5 | 1.6 |
| 专科医院 Specialized Hospitals | 1.7 | 1.8 | 1.7 | 1.7 | 1.8 | 1.6 |
| 社区卫生服务中心(站) Community Health Centers (Stations) | 1.6 | 1.7 | 2.2 | 2.4 | 3.3 | 3.8 |
| 乡镇卫生院 Township Health Centers | 1.1 | 1.3 | 1.7 | 2.1 | 2.5 | 3 |
| 其他机构 Others | 0.2 | 0.2 | 0.1 | 0.1 | 0.1 | 0.2 |

## 公立中医医院病人医药费用

Medical Expense of Patients in Public TCM Hospitals

| | 次均门诊费用(元) Medical Expense per Visit (Yuan) | 药费 Drug | 人均住院费用(元) Medical Expense per Inpatient (Yuan) | 药费 Drug |
|---|---|---|---|---|
| 中医医院 TCM Hospitals | | | | |
| 2010 | 137.1 | 82.2 | 4899.3 | 2238.0 |
| 2011 | 152.4 | 92.7 | 5281.0 | 2374.5 |
| 2012 | 165.5 | 101.1 | 5551.9 | 2463.2 |
| 2013 | 181.6 | 109.9 | 5990.8 | 2520.8 |
| 2014 | 195.1 | 116.1 | 6316.2 | 2551.0 |
| 2015 | 208.3 | 122.6 | 6715.9 | 2564.5 |
| #三级医院 Third-level Hospitals | | | | |
| 2010 | 185.6 | 119.7 | 8842.5 | 3960.2 |
| 2011 | 204.1 | 133.9 | 9124.7 | 4016.2 |
| 2012 | 213.5 | 140.1 | 9194.4 | 4007.3 |
| 2013 | 228.2 | 147.9 | 9518.3 | 3938.3 |
| 2014 | 238.8 | 150.9 | 9628.1 | 3834.3 |
| 2015 | 254.3 | 158.9 | 10056.9 | 3851.0 |
| 二级医院 Second-level Hospitals | | | | |
| 2010 | 116.2 | 65.2 | 3660.3 | 1796.2 |
| 2011 | 126.2 | 71.1 | 4084.2 | 1870.0 |
| 2012 | 136.4 | 76.8 | 4271.2 | 1927.3 |
| 2013 | 144.3 | 78.9 | 4354.3 | 1868.7 |
| 2014 | 156.3 | 84.5 | 4464.8 | 1835.3 |
| 2015 | 163.3 | 86.2 | 4653.0 | 1770.5 |

# 六、药品供应保障

# Drug Supply and Support

# 药品费用

Expenditure on Drugs

| 指标 | 2010 | 2011 | 2012 | 2013 | 2014 |
|---|---|---|---|---|---|
| **药品总费用(亿元)** | **8835.9** | **9826.2** | **11860.5** | **13307.7** | **13925.0** |
| Total Expenditure on Drugs (100 Million Yuan) | | | | | |
| 医疗机构药品费用 | 6324.3 | 6978.6 | 8254.1 | 9146.2 | 9290.3 |
| Expenditure on Drugs of Health Institutions | | | | | |
| 门诊药品费用 | 3270.3 | 3505.5 | 4082.7 | 4102.7 | 4203.4 |
| Expenditure on Drugs for Outpatient Care | | | | | |
| 住院药品费用 | 3054.0 | 3473.1 | 4171.3 | 5043.5 | 5086.9 |
| Expenditure on Drugs for Inpatient Care | | | | | |
| 零售药品费用 | 2511.6 | 2847.6 | 3606.4 | 4161.6 | 4634.7 |
| Retailed Drug Expenditures | | | | | |
| **人均药品费用(元)** | **658.9** | **729.3** | **875.9** | **978.0** | **1018.0** |
| Drug Expenditure per Capita (Yuan) | | | | | |
| **药品费用占卫生总费用的%** | **41.6** | **38.4** | **40.4** | **39.8** | **37.8** |
| Drug Expenditure as % of Total Health Expenditure | | | | | |

资料来源：卫生总费用核算。

Source: Total health expenditure caculations.

## 医药工业主营业务收入（亿元）

Main Business Income of Pharmaceutical Industry (100 Million Yuan)

| | 2010 | 2011 | 2012 | 2013 | 2014 |
|---|---|---|---|---|---|
| **总计** Total | **12073** | **15255** | **18297** | **21682** | **24553** |
| 化学原料药 Chemical Raw Medicines | 2438 | 3050 | 3325 | 3820 | 4240 |
| 化学制剂 Chemicals | 3428 | 4105 | 4958 | 5731 | 6304 |
| 中药饮片 Traditional Chinese Medicine Decoction Pieces | 634 | 854 | 936 | 1259 | 1496 |
| 中成药 Traditional Chinese Patent Medicines | 2474 | 3379 | 4131 | 5065 | 5806 |
| 生物生化制品 Biomedical Products | 1261 | 1516 | 2153 | 2381 | 2750 |
| 卫生材料 Hygienic Materials | 623 | 921 | 1106 | 1398 | 1662 |
| 制药器械 Pharmaceutical Equipments | 73 | 76 | 104 | 138 | 159 |
| 医疗器械 Medical Devices | 1141 | 1354 | 1584 | 1889 | 2136 |

资料来源：《中国医药统计年报》。

Source: Annual Report on Pharmaceutical Statistics of China.

# 医药工业利润（亿元）

Profits of Pharmaceutical Industry (100 Million Yuan)

| | 2010 | 2011 | 2012 | 2013 | 2014 |
|---|---|---|---|---|---|
| **总计**<br>Total | **1407** | **1577** | **1988** | **2197** | **2461** |
| 化学原料药<br>Chemical Raw Medicines | 236 | 248 | 267 | 285 | 312 |
| 化学制剂<br>Chemicals | 424 | 442 | 566 | 639 | 734 |
| 中药饮片<br>Traditional Chinese Medicine Decoction Pieces | 56 | 64 | 77 | 94 | 105 |
| 中成药<br>Traditional Chinese Patent Medicines | 310 | 372 | 483 | 538 | 598 |
| 生物生化制品<br>Biomedical Products | 187 | 207 | 278 | 282 | 322 |
| 卫生材料<br>Hygienic Materials | 62 | 89 | 117 | 142 | 152 |
| 制药器械<br>Pharmaceutical Equipments | 7 | 8 | 13 | 17 | 18 |
| 医疗器械<br>Medical Devices | 125 | 146 | 188 | 199 | 219 |

资料来源：《中国医药统计年报》。

Source: Annual Report on Pharmaceutical Statistics of China.

# 药品生产经营企业数

Number of Drug Manufacturing and Trading Enterprises

| 指标 | 2010 | 2011 | 2012 | 2013 | 2014 |
|---|---|---|---|---|---|
| 药品生产企业数(个)<br>Drug Manufacturing Enterprises | 4678 | 4629 | 4747 | 4875 | 5000 |
| 药品经营企业数(个)<br>Drug Trading Enterprises | 414840 | 440248 | 443125 | 451129 | 452460 |
| 药品批发企业数(个)<br>Wholesale Enterprises of Drugs | 13463 | 13853 | 13721 | 12849 | 13274 |
| 药品零售企业数(个)<br>Retail Enterprises of Drugs | 401379 | 426395 | 426830 | 436229 | 439186 |
| 零售连锁企业数(个)<br>Retail Chain Enterprises | 2310 | 2607 | 3107 | 3570 | 4266 |
| 零售连锁企业门店数(个)<br>Retail Chain Stores | 137073 | 146703 | 152580 | 158244 | 171431 |
| 零售单体药店数(个)<br>Retail Monomer Drugstores | 261996 | 277085 | 271143 | 274415 | 263489 |

资料来源：国家食品药品监督管理总局统计公报。

Source: Statistical Report on National Food and Drug Administration.

# 七、基本医疗保障

# Basic Medical Security

# 新型农村合作医疗情况

Statistics of New Rural Cooperative Medical Scheme

| 指标 Indicator | 2010 | 2011 | 2012 | 2013 | 2014 | 2015 |
|---|---|---|---|---|---|---|
| 参合人口数(亿人)<br>Number of Enrollees (100 Millions) | 8.36 | 8.32 | 8.05 | 8.02 | 7.36 | 6.7 |
| 参合率(%)<br>Enrollment Rate | 96.0 | 97.5 | 98.3 | 98.7 | 98.9 | 98.8 |
| 当年筹资总额(亿元)<br>Annual Fund Raised (100 Million Yuan) | 1308.3 | 2047.6 | 2484.7 | 2972.5 | 3025.3 | 3286.6 |
| 人均筹资(元)<br>Per Capita Premium (Yuan) | 156.6 | 246.2 | 308.5 | 370.6 | 410.9 | 490.3 |
| 当年基金支出(亿元)<br>Payout at Current Year (100 Million Yuan) | 1187.8 | 1710.2 | 2408.0 | 2909.2 | 2890.4 | 2993.5 |
| 补偿受益人次(亿人次)<br>Number of Beneficiaries from Reimbursement (100 Millions) | 10.87 | 13.15 | 17.45 | 19.42 | 16.52 | 16.53 |

# 各地区新型农村合作医疗情况（2015年）

Statistics of New Rural Cooperative Medical Scheme by Region (2015)

| 地区　Region | 参合人口数 Number of Enrollees (10000) | 人均筹资(元) Per Capita Premium (Yuan) | 补偿受益人次 Number of Beneficiaries from Reimbursement (10000) |
|---|---|---|---|
| **总　计　Total** | **67028.5** | **490.3** | **165291.7** |
| 北　京　Beijing | 223.9 | 1300.0 | 732.0 |
| 河　北　Hebei | 5103.7 | 495.6 | 13795.3 |
| 山　西　Shanxi | 2167.2 | 475.6 | 3781.7 |
| 内蒙古　Inner Mongolia | 1285.0 | 502.8 | 915.8 |
| 辽　宁　Liaoning | 1949.0 | 496.6 | 2897.5 |
| 吉　林　Jilin | 1327.4 | 472.2 | 688.6 |
| 黑龙江　Heilongjiang | 1495.1 | 479.4 | 3459.8 |
| 上　海　Shanghai | 96.0 | 2104.2 | 1728.6 |
| 江　苏　Jiangsu | 3997.4 | 528.0 | 17029.4 |
| 安　徽　Anhui | 5190.9 | 491.6 | 10038.9 |
| 福　建　Fujian | 2552.3 | 479.7 | 2073.9 |
| 江　西　Jiangxi | 3450.9 | 477.5 | 6425.6 |

注:天津、浙江、山东、广东、重庆、青海、宁夏实行城乡统筹的居民基本医疗保险制度。Note: Urban & rural residents in Tianjin 、Zhejiang、Shandong、 Guangdong 、Chongqing、Qinghai、Ningxia are covered by resident basic medical insurance.

续表 Continued

| 地区 Region | 参合人口数 Number of Enrollees (10000) | 人均筹资(元) Per Capita Premium (Yuan) | 补偿受益人次 Number of Beneficiaries from Reimbursement (10000) |
|---|---|---|---|
| 河 南 Henan | 8295.3 | 482.8 | 32610.9 |
| 湖 北 Hubei | 3908.6 | 487.7 | 13162.8 |
| 湖 南 Hunan | 4418.3 | 472.7 | 5619.4 |
| 广 西 Guangxi | 4167.1 | 479.2 | 5906.0 |
| 海 南 Hainan | 501.1 | 472.8 | 1183.4 |
| 四 川 Sichuan | 4439.1 | 474.6 | 13528.9 |
| 贵 州 Guizhou | 3292.3 | 454.0 | 5464.1 |
| 云 南 Yunnan | 3284.0 | 474.8 | 10482.8 |
| 西 藏 Tibet | 254.3 | 473.4 | 768.1 |
| 陕 西 Shaanxi | 2581.9 | 507.1 | 6399.9 |
| 甘 肃 Gansu | 1909.6 | 468.4 | 4243.6 |
| 新 疆 Xinjiang | 1138.2 | 529.4 | 2354.8 |

# 城镇居民基本医疗保险情况

Statistics of Basic Medical Insurance of Urban Population

| 指标 Indicator | 2010 | 2011 | 2012 | 2013 | 2014 | 2015 |
|---|---|---|---|---|---|---|
| **城镇职工基本医保**<br>Basic Medical Insurance of Urban Employees | | | | | | |
| 参保人数(万人)<br>Enrollees (10000) | 23735 | 25227 | 26486 | 27443.1 | 28296.0 | 28894 |
| 在职职工<br>Employees | 17791 | 18949 | 19861 | 20501.3 | 21041.3 | |
| 退休人员<br>Retirees | 5944 | 6279 | 6624 | 6941.8 | 7254.8 | |
| 基金收入(亿元)<br>Revenue(100 Million Yuan) | 3955.4 | 4945.0 | 6061.9 | 8248.3 | 8037.9 | |
| 基金支出(亿元)<br>Payout(100 Million Yuan) | 3271.6 | 4018.3 | 4868.5 | 6801.0 | 6696.6 | |
| 累计结存(亿元)<br>Balance at Year-End (100 Million Yuan) | 4741.2 | 5683.2 | 6884.2 | 9116.5 | 9449.8 | |
| **城镇居民基本医保参保人数(万人)**<br>Enrollees of Basic Medical Insurance of Urban Residents (10000) | 19528 | 22116 | 27156 | 29906 | 31451 | 37675 |

资料来源：《中国统计年鉴》。

Source: China Statistical Yearbook.

## 居民社会医疗保险构成（%）

Components of Social Medical Insurance (%)

| 项目<br>Item | 合计 Total | | 城市 Urban | | 农村 Rural | |
|---|---|---|---|---|---|---|
| | 2008 | 2013 | 2008 | 2013 | 2008 | 2013 |
| 城镇职工基本医保<br>UEBMI | 13 | 21 | 44 | 38 | 2 | 5 |
| 公费医疗<br>Publicly Funded Free Medical Care | 1 | — | 3 | — | — | — |
| 城镇居民基本医保<br>URBMI | 4 | 9 | 12 | 16 | 1 | 3 |
| 新农合 NRCMS | 69 | 49 | 10 | 25 | 90 | 72 |
| 城乡居民合作医疗<br>URRCMS | — | 16 | — | 14 | — | 18 |
| 其他社会医保<br>Social Medical Insurance | 1 | — | 3 | 1 | — | — |
| 无医保<br>No Medical Insurance | 13 | 4 | 28 | 6 | 7 | 3 |

资料来源：2008、2013年国家卫生服务调查。

Source: National Health Services Survey in 2008 and 2013.

## 城乡医疗救助情况

Statistics of Medical Aid in Urban and Rural Areas

| 指标 Indicator | 2010 | 2011 | 2012 | 2013 | 2014 | 2015 |
|---|---|---|---|---|---|---|
| 医疗救助人次(万次)<br>Beneficiaries of Medical Aid (10000) | 7556 | 8519 | 8051 | 7427 | 7467 | 8406 |
| 医疗救助支出(亿元)<br>Payments of Medical Aid (100 Million Yuan) | 133 | 188 | 204 | 178 | 229 | 250 |

注：本表系政府医疗救助数（不含社会医疗救助）。

Note: Figures of this table are of government medical aid, social medical aids are excluded.

# 八、卫生资源

# Health Resources

# 卫生总费用

Total Health Expenditure

| 指标 Indictor | 2010 | 2011 | 2012 | 2013 | 2014 | 2015 |
|---|---|---|---|---|---|---|
| **卫生总费用(亿元)** THE (100 Million Yuan) | **19980.4** | **24345.9** | **28119.0** | **31669.0** | **35312.4** | **40587.7** |
| 政府卫生支出 Government Health Expenditure | 5732.5 | 7464.2 | 8432.0 | 9545.8 | 10579.2 | 12533.0 |
| 社会卫生支出 Social Health Expenditure | 7196.6 | 8416.5 | 10030.7 | 11393.8 | 13437.8 | 15890.7 |
| 个人卫生现金支出 Out-of-Pocket Health Expenditure | 7051.3 | 8465.3 | 9656.3 | 10729.3 | 11295.4 | 12164.0 |
| **卫生总费用构成(%)** Percentage of THE | **100.0** | **100.0** | **100.0** | **100.0** | **100.0** | **100.0** |
| 政府卫生支出 Government Health Expenditure | 28.69 | 30.66 | 29.99 | 30.14 | 29.96 | 30.88 |
| 社会卫生支出 Social Health Expenditure | 36.02 | 34.57 | 35.67 | 35.98 | 38.05 | 39.15 |
| 个人卫生现金支出 Out-of-Pocket Health Expenditure | 35.29 | 34.77 | 34.34 | 33.88 | 31.99 | 29.97 |
| **卫生总费用占GDP%** THE as % of GDP | **4.89** | **5.03** | **5.26** | **5.39** | **5.55** | **6.00** |
| **人均卫生费用(元)** Per Capita THE | **1490.1** | **1807.0** | **2076.7** | **2327.4** | **2581.7** | **2951.8** |
| 城市 Urban | 2315.5 | 2697.5 | 2999.3 | 3234.1 | | |
| 农村 Rural | 666.3 | 879.4 | 1064.8 | 1274.4 | | |
| **卫生消费弹性系数** Health Elasticity Coefficient | **0.61** | **1.34** | **1.65** | **1.32** | **1.44** | |

注: ①本表系卫生总费用核算数, 2015年系初步核算数; ②按当年价格计算。

Note: ① Figures for total health expenditure are estimates, figures for that of 2015 are preliminary calculation; ②Expenditures are calculated at current prices.

# 各地区卫生总费用（2014年）

Total Health Expenditure by Region (2014)

| 地区 | Region | 卫生总费用(亿元) Total Health Expenditure (100 Million Yuan) | 构成(%) Percentage | | | 卫生总费用占地区生产总值% THE as % of Gross Regional Product | 人均卫生费用(元) Per Capita THE (Yuan) |
|---|---|---|---|---|---|---|---|
| | | | 政府卫生支出 Government Health Expenditure | 社会卫生支出 Social Health Expenditure | 个人卫生现金支出 Out-of-Pocket Health Expenditure | | |
| **总 计** | Total | **35312.4** | **30.0** | **38.1** | **32.0** | **5.6** | **2581.7** |
| 北 京 | Beijing | 1594.6 | 24.7 | 55.8 | 19.4 | 7.5 | 7411.4 |
| 天 津 | Tianjin | 650.9 | 26.3 | 41.0 | 32.7 | 4.1 | 4291.3 |
| 河 北 | Hebei | 1645.8 | 27.9 | 33.9 | 38.2 | 5.6 | 2228.9 |
| 山 西 | Shanxi | 798.5 | 31.3 | 33.4 | 35.2 | 6.3 | 2188.9 |
| 内蒙古 | Inner Mongolia | 712.0 | 33.8 | 26.8 | 39.4 | 4.0 | 2842.5 |
| 辽 宁 | Liaoning | 1330.0 | 21.8 | 42.2 | 36.0 | 4.6 | 3028.5 |
| 吉 林 | Jilin | 772.5 | 27.5 | 31.6 | 40.9 | 5.6 | 2806.8 |
| 黑龙江 | Heilongjiang | 992.1 | 24.5 | 35.7 | 39.9 | 6.6 | 2588.4 |
| 上 海 | Shanghai | 1345.5 | 20.5 | 58.9 | 20.7 | 5.7 | 5546.9 |
| 江 苏 | Jiangsu | 2644.7 | 22.0 | 48.8 | 29.2 | 4.1 | 3322.4 |
| 浙 江 | Zhejiang | 1977.0 | 22.5 | 46.1 | 31.5 | 4.9 | 3589.3 |
| 安 徽 | Anhui | 1321.6 | 32.9 | 33.3 | 33.8 | 6.3 | 2172.7 |
| 福 建 | Fujian | 971.9 | 30.5 | 41.9 | 27.6 | 4.0 | 2553.7 |
| 江 西 | Jiangxi | 850.1 | 42.2 | 28.3 | 29.5 | 5.4 | 1871.7 |
| 山 东 | Shandong | 2484.2 | 24.9 | 41.8 | 33.2 | 4.2 | 2537.6 |

## 续表 Continued

| 地区 | Region | 卫生总费用(亿元) Total Health Expenditure (100 Million Yuan) | 构成(%) Percentage 政府卫生支出 Government Health Expenditure | 社会卫生支出 Social Health Expenditure | 个人卫生现金支出 Out-of-Pocket Health Expenditure | 卫生总费用占地区生产总值% THE as % of Gross Regional Product | 人均卫生费用(元) Per Capita THE (Yuan) |
|---|---|---|---|---|---|---|---|
| 河南 | Henan | 1878.8 | 32.6 | 28.4 | 39.0 | 5.4 | 1991.1 |
| 湖北 | Hubei | 1393.9 | 29.8 | 33.4 | 36.7 | 5.1 | 2396.7 |
| 湖南 | Hunan | 1460.6 | 29.7 | 32.3 | 38.0 | 5.4 | 2168.0 |
| 广东 | Guangdong | 2832.3 | 28.4 | 43.7 | 27.9 | 4.2 | 2641.1 |
| 广西 | Guangxi | 908.1 | 39.6 | 32.5 | 28.0 | 5.8 | 1910.1 |
| 海南 | Hainan | 220.7 | 40.3 | 34.1 | 25.6 | 6.3 | 2442.5 |
| 重庆 | Chongqing | 821.5 | 31.1 | 39.0 | 30.0 | 5.8 | 2746.3 |
| 四川 | Sichuan | 1877.0 | 31.6 | 36.7 | 31.7 | 6.6 | 2305.8 |
| 贵州 | Guizhou | 647.8 | 47.9 | 24.9 | 27.2 | 7.0 | 1846.7 |
| 云南 | Yunnan | 927.3 | 38.8 | 29.3 | 31.9 | 7.2 | 1967.2 |
| 西藏 | Xizang | 81.9 | 70.2 | 23.3 | 6.5 | 8.9 | 2580.0 |
| 陕西 | Shaanxi | 1124.0 | 28.3 | 37.7 | 34.0 | 6.4 | 2977.5 |
| 甘肃 | Gansu | 569.7 | 37.3 | 28.8 | 33.9 | 8.3 | 2199.1 |
| 青海 | Qinghai | 175.3 | 49.8 | 26.6 | 23.6 | 7.6 | 3004.9 |
| 宁夏 | Ningxia | 206.8 | 32.7 | 34.4 | 32.9 | 7.5 | 3125.4 |
| 新疆 | Xinjiang | 750.8 | 31.0 | 43.3 | 25.7 | 8.1 | 3266.6 |

## 医疗卫生机构数

Number of Health Care Institutions

| 机构名称 Institution | 2010 | 2011 | 2012 | 2013 | 2014 | 2015 |
|---|---|---|---|---|---|---|
| **总计** Total | **936927** | **954389** | **950297** | **974398** | **981432** | **983528** |
| 医院 Hospitals | 20918 | 21979 | 23170 | 24709 | 25860 | 27587 |
| 基层医疗卫生机构 Grass-roots Health Care Institutions | 901709 | 918003 | 912620 | 915368 | 917335 | 920770 |
| 专业公共卫生机构 Specialized Public Health Institutions | 11835 | 11926 | 12083 | 31155 | 35029 | 31927 |
| 其他机构 Other Health Care Institutions | 2465 | 2481 | 2424 | 3166 | 3208 | 3244 |
| **总计中：** | | | | | | |
| **非公医疗卫生机构** Non-Public Health Care Institutions | **447995** | **456994** | **447034** | **439351** | **438569** | **439862** |
| #医院 Hospitals | 7068 | 8440 | 9786 | 11313 | 12546 | 14518 |
| 基层医疗卫生机构 Grass-roots Health Care Institutions | 440782 | 448379 | 437076 | 427566 | 425450 | 424784 |

# 各地区医疗卫生机构数（2015年）

## Number of Health Care Institutions by Region (2015)

| 地区 | Region | 合计 Total | 医院 Hospitals | 基层医疗卫生机构 Grass-roots Health Care Institutions | 专业公共卫生机构 Specialized Public Health Institutions | 其他机构 Others |
|---|---|---|---|---|---|---|
| **总 计** | **Total** | **983528** | **27587** | **920770** | **31927** | **3244** |
| 东 部 | Eastern | 355448 | 10586 | 333593 | 9763 | 1506 |
| 中 部 | Central | 315995 | 8051 | 296328 | 10553 | 1063 |
| 西 部 | Western | 312085 | 8950 | 290849 | 11611 | 675 |
| 北 京 | Beijing | 9771 | 631 | 8912 | 113 | 115 |
| 天 津 | Tianjin | 5223 | 402 | 4618 | 151 | 52 |
| 河 北 | Hebei | 78594 | 1543 | 75562 | 1264 | 225 |
| 山 西 | Shanxi | 41002 | 1274 | 39196 | 460 | 72 |
| 内蒙古 | Inner Mongolia | 23886 | 702 | 22421 | 664 | 99 |
| 辽 宁 | Liaoning | 35236 | 1020 | 33105 | 955 | 156 |
| 吉 林 | Jilin | 20612 | 616 | 19409 | 432 | 155 |
| 黑龙江 | Heilongjiang | 20752 | 1012 | 18386 | 1301 | 53 |
| 上 海 | Shanghai | 5016 | 338 | 4480 | 116 | 82 |
| 江 苏 | Jiangsu | 31925 | 1581 | 28841 | 1244 | 259 |
| 浙 江 | Zhejiang | 31137 | 1049 | 29431 | 483 | 174 |
| 安 徽 | Anhui | 24853 | 1018 | 22030 | 1721 | 84 |
| 福 建 | Fujian | 27921 | 570 | 25876 | 1401 | 74 |

**续表** Continued

| 地 区 | Region | 合计<br>Total | 医院<br>Hospitals | 基层医疗卫生机构<br>Grass-roots Health Care Institutions | 专业公共卫生机构<br>Specialized Public Health Institutions | 其他机构<br>Others |
|---|---|---|---|---|---|---|
| 江 西 | Jiangxi | 38557 | 568 | 37066 | 812 | 111 |
| 山 东 | Shandong | 77259 | 1927 | 73041 | 2086 | 205 |
| 河 南 | Henan | 71394 | 1521 | 67092 | 2471 | 310 |
| 湖 北 | Hubei | 36179 | 869 | 34563 | 578 | 169 |
| 湖 南 | Hunan | 62646 | 1173 | 58586 | 2778 | 109 |
| 广 东 | Guangdong | 48320 | 1323 | 45013 | 1831 | 153 |
| 广 西 | Guangxi | 34439 | 527 | 32216 | 1657 | 39 |
| 海 南 | Hainan | 5046 | 202 | 4714 | 119 | 11 |
| 重 庆 | Chongqing | 19806 | 631 | 18986 | 159 | 30 |
| 四 川 | Sichuan | 80109 | 1942 | 76214 | 1801 | 152 |
| 贵 州 | Guizhou | 28712 | 1188 | 26175 | 1318 | 31 |
| 云 南 | Yunnan | 24181 | 1101 | 21833 | 1183 | 64 |
| 西 藏 | Tibet | 6814 | 139 | 6531 | 142 | 2 |
| 陕 西 | Shaanxi | 37030 | 1014 | 34098 | 1804 | 114 |
| 甘 肃 | Gansu | 27799 | 443 | 25459 | 1774 | 123 |
| 青 海 | Qinghai | 6223 | 181 | 5860 | 178 | 4 |
| 宁 夏 | Ningxia | 4288 | 168 | 3981 | 129 | 10 |
| 新 疆 | Xinjiang | 18798 | 914 | 17075 | 802 | 7 |

# 医院数

Number of Hospitals

| 机构名称 Institution | 2010 | 2011 | 2012 | 2013 | 2014 | 2015 |
|---|---|---|---|---|---|---|
| **总计 Total** | **20918** | **21979** | **23170** | **24709** | **25860** | **27587** |
| 按经济类型分 By Ownership | | | | | | |
| 公立医院 Public Hospitals | 13850 | 13539 | 13384 | 13396 | 13314 | 13069 |
| 民营医院 Non-public Hospitals | 7068 | 8440 | 9786 | 11313 | 12546 | 14518 |
| 按医院等级分 By Level | | | | | | |
| #三级医院 Third-level Hospitals | 1284 | 1399 | 1624 | 1787 | 1954 | 2123 |
| 二级医院 Second-level Hospitals | 6472 | 6468 | 6566 | 6709 | 6850 | 7494 |
| 一级医院 First-level Hospitals | 5271 | 5636 | 5962 | 6473 | 7009 | 8757 |
| 按类别分 By Category | | | | | | |
| #综合医院 General Hospitals | 13681 | 14328 | 15021 | 15887 | 16524 | 17430 |
| 中医医院 TCM Hospitals | 2778 | 2831 | 2889 | 3015 | 3115 | 3267 |
| 专科医院 Specialized Hospitals | 3956 | 4283 | 4665 | 5127 | 5478 | 6023 |

# 分等级医院数（2015年）

Number of Hospitals by Grade (2015)

| | 医院<br>Hospitals | 综合医院<br>General Hospitals | 中医院<br>TCM Hospitals | 专科医院<br>Specialized Hospitals |
|---|---|---|---|---|
| **总计**<br>Total | **27587** | **17430** | **3267** | **6023** |
| 三级医院<br>Third-Level Hospitals | 2123 | 1191 | 399 | 467 |
| #甲等<br>1st Class Hospitals | 1236 | 671 | 307 | 203 |
| 乙等<br>2nd Class Hospitals | 406 | 273 | 82 | 43 |
| 丙等<br>3rd Class Hospitals | 51 | 40 | 0 | 11 |
| 二级医院<br>Second-Level Hospitals | 7494 | 4376 | 1756 | 1152 |
| #甲等<br>1st Class Hospitals | 4181 | 2546 | 1271 | 252 |
| 乙等<br>2nd Class Hospitals | 1578 | 1062 | 283 | 183 |
| 丙等<br>3rd Class Hospitals | 81 | 48 | 12 | 17 |
| 一级医院<br>First-Level Hospitals | 8757 | 6639 | 513 | 1397 |
| 未定级医院<br>Other Hospitals | 9213 | 5224 | 599 | 3007 |

# 按床位数分组医院数（个）

Number of Hospitals by Grouping of Beds

| | 2010 | 2011 | 2012 | 2013 | 2014 | 2015 |
|---|---|---|---|---|---|---|
| **医院合计 Total Hospitals** | **20918** | **21979** | **23170** | **24709** | **25860** | **27587** |
| <100张(Bed) | 12394 | 13137 | 13814 | 14798 | 15474 | 16542 |
| 100～199张(Bed) | 3496 | 3425 | 3488 | 3647 | 3755 | 4073 |
| 200～499张(Bed) | 3241 | 3402 | 3508 | 3624 | 3758 | 3912 |
| 500～799张(Bed) | 1069 | 1158 | 1301 | 1428 | 1504 | 1568 |
| ≥800张(Bed) | 718 | 857 | 1059 | 1212 | 1369 | 1492 |
| #综合医院 General Hospitals | 13681 | 14328 | 15021 | 15887 | 16524 | 17430 |
| <100张(Bed) | 7981 | 8480 | 8939 | 9563 | 9988 | 10567 |
| 100～199张(Bed) | 2086 | 2022 | 2056 | 2114 | 2152 | 2317 |
| 200～499张(Bed) | 2203 | 2250 | 2211 | 2198 | 2226 | 2282 |
| 500～799张(Bed) | 802 | 849 | 931 | 1007 | 1035 | 1053 |
| ≥800张(Bed) | 609 | 727 | 884 | 1005 | 1123 | 1211 |
| 中医医院 TCM Hospitals | 2778 | 2831 | 2889 | 3015 | 3115 | 3267 |
| <100张(Bed) | 1246 | 1220 | 1159 | 1171 | 1206 | 1283 |
| 100～199张(Bed) | 841 | 790 | 748 | 739 | 713 | 717 |
| 200～499张(Bed) | 557 | 649 | 762 | 834 | 873 | 901 |
| 500～799张(Bed) | 97 | 127 | 152 | 186 | 220 | 250 |
| ≥800张(Bed) | 37 | 45 | 68 | 85 | 103 | 116 |

# 各地区医院数（2015年）

Number of Hosptials by Region (2015)

| 地区 | Region | 合计 Total | 按经济类型分 by Ownership | | 按医院等级分 by Level | | |
|---|---|---|---|---|---|---|---|
| | | | 公立医院 Public Hospitals | 民营医院 Non-public Hospitals | 三级医院 Third-level Hospitals | 二级医院 Second-level Hospitals | 一级医院 First-level Hospitals |
| **总 计** | Total | **27587** | **13069** | **14518** | **2123** | **7494** | **8757** |
| 东 部 | Eastern | 10586 | 4869 | 5717 | 998 | 2609 | 3789 |
| 中 部 | Central | 8051 | 4230 | 3821 | 580 | 2374 | 2468 |
| 西 部 | Western | 8950 | 3970 | 4980 | 545 | 2511 | 2500 |
| 北 京 | Beijing | 631 | 234 | 397 | 87 | 117 | 406 |
| 天 津 | Tianjin | 402 | 159 | 243 | 41 | 55 | 189 |
| 河 北 | Hebei | 1543 | 772 | 771 | 72 | 459 | 774 |
| 山 西 | Shanxi | 1274 | 669 | 605 | 51 | 292 | 235 |
| 内蒙古 | Inner Mongolia | 702 | 354 | 348 | 63 | 251 | 257 |
| 辽 宁 | Liaoning | 1020 | 558 | 462 | 116 | 275 | 365 |
| 吉 林 | Jilin | 616 | 317 | 299 | 46 | 212 | 89 |
| 黑龙江 | Heilongjiang | 1012 | 675 | 337 | 91 | 335 | 342 |
| 上 海 | Shanghai | 338 | 177 | 161 | 47 | 105 | 12 |
| 江 苏 | Jiangsu | 1581 | 524 | 1057 | 140 | 351 | 664 |
| 浙 江 | Zhejiang | 1049 | 441 | 608 | 131 | 223 | 35 |
| 安 徽 | Anhui | 1018 | 391 | 627 | 65 | 299 | 396 |
| 福 建 | Fujian | 570 | 263 | 307 | 65 | 181 | 318 |

续表 Continued

| 地区 | Region | 合计 Total | 按经济类型分 by Ownership | | 按医院等级分 by Level | | |
|---|---|---|---|---|---|---|---|
| | | | 公立医院 Public Hospitals | 民营医院 Non-public Hospitals | 三级医院 Third-level Hospitals | 二级医院 Second-level Hospitals | 一级医院 First-level Hospitals |
| 江西 | Jiangxi | 568 | 348 | 220 | 55 | 206 | 83 |
| 山东 | Shandong | 1927 | 821 | 1106 | 132 | 470 | 653 |
| 河南 | Henan | 1521 | 845 | 676 | 86 | 449 | 757 |
| 湖北 | Hubei | 869 | 442 | 427 | 121 | 269 | 233 |
| 湖南 | Hunan | 1173 | 543 | 630 | 65 | 312 | 333 |
| 广东 | Guangdong | 1323 | 766 | 557 | 149 | 339 | 301 |
| 广西 | Guangxi | 527 | 332 | 195 | 61 | 203 | 140 |
| 海南 | Hainan | 202 | 154 | 48 | 18 | 34 | 72 |
| 重庆 | Chongqing | 631 | 258 | 373 | 28 | 133 | 160 |
| 四川 | Sichuan | 1942 | 736 | 1206 | 130 | 488 | 294 |
| 贵州 | Guizhou | 1188 | 291 | 897 | 48 | 222 | 486 |
| 云南 | Yunnan | 1101 | 408 | 693 | 63 | 324 | 192 |
| 西藏 | Tibet | 139 | 105 | 34 | 8 | 11 | 85 |
| 陕西 | Shaanxi | 1014 | 525 | 489 | 54 | 314 | 257 |
| 甘肃 | Gansu | 443 | 297 | 146 | 39 | 187 | 43 |
| 青海 | Qinghai | 181 | 110 | 71 | 16 | 89 | 1 |
| 宁夏 | Ningxia | 168 | 71 | 97 | 7 | 61 | 42 |
| 新疆 | Xinjiang | 914 | 483 | 431 | 28 | 228 | 543 |

# 基层医疗卫生机构数（个）

Number of Grass-roots Health Care Institutions

| 机构名称 Institution | 2010 | 2011 | 2012 | 2013 | 2014 | 2015 |
|---|---|---|---|---|---|---|
| **总计 Total** | **901709** | **918003** | **912620** | **915368** | **917335** | **920770** |
| 社区卫生服务中心 Community Health Centers | 6903 | 7861 | 8182 | 8488 | 8669 | 8806 |
| #政府办 Government-run | 5900 | 6569 | 6500 | 6051 | 6099 | 6164 |
| 社区卫生服务站 Community Health Stations | 25836 | 24999 | 25380 | 25477 | 25569 | 25515 |
| #政府办 Government-run | 12490 | 13252 | 13079 | 12587 | 12207 | 12082 |
| 街道卫生院 Sub-district Health Centers | 929 | 667 | 610 | 593 | 595 | 524 |
| 乡镇卫生院 Township Health Centers | 37836 | 37295 | 37097 | 37015 | 36902 | 36817 |
| #政府办 Government-run | 37217 | 36850 | 36667 | 36593 | 36445 | 36344 |
| 村卫生室 Village Clinics | 648424 | 662894 | 653419 | 648619 | 645470 | 640536 |
| 门诊部 Outpatient Departments | 8291 | 9218 | 10134 | 11126 | 12030 | 13282 |
| 诊所(医务室) Clinics | 173490 | 175069 | 177798 | 184050 | 188100 | 195290 |

# 各地区基层医疗卫生机构数（2015年）

Number of Grass-roots Health Care Institutions by Region (2015)

| 地区 | Region | 合计 Total | 社区服务中心(站) Community Health Centers (Stations) | 乡镇卫生院 Township Health Centers | 村卫生室 Village Clinics | 门诊部(所) Clinics |
|---|---|---|---|---|---|---|
| **总 计** | Total | **920770** | **34321** | **36817** | **640536** | **208572** |
| 东 部 | Eastern | 333593 | 20195 | 9342 | 216647 | 87364 |
| 中 部 | Central | 296328 | 7732 | 11474 | 222299 | 54399 |
| 西 部 | Western | 290849 | 6394 | 16001 | 201590 | 66809 |
| 北 京 | Beijing | 8912 | 1906 | 0 | 2768 | 4238 |
| 天 津 | Tianjin | 4618 | 574 | 144 | 2437 | 1462 |
| 河 北 | Hebei | 75562 | 1188 | 1960 | 60492 | 11922 |
| 山 西 | Shanxi | 39196 | 887 | 1249 | 28099 | 8591 |
| 内蒙古 | Inner Mongolia | 22421 | 1193 | 1320 | 13645 | 6261 |
| 辽 宁 | Liaoning | 33105 | 1142 | 1008 | 19774 | 11164 |
| 吉 林 | Jilin | 19409 | 425 | 775 | 10229 | 7979 |
| 黑龙江 | Heilongjiang | 18386 | 702 | 990 | 11444 | 5242 |
| 上 海 | Shanghai | 4480 | 1035 | 0 | 1271 | 2174 |
| 江 苏 | Jiangsu | 28841 | 2782 | 1033 | 15391 | 9633 |
| 浙 江 | Zhejiang | 29431 | 6019 | 1194 | 11868 | 10345 |
| 安 徽 | Anhui | 22030 | 1930 | 1382 | 15295 | 3422 |
| 福 建 | Fujian | 25876 | 528 | 880 | 19008 | 5460 |

续表 Continued

| 地 区 | Region | 合计 Total | 社区服务中心(站) Community Health Centers (Stations) | 乡镇卫生院 Township Health Centers | 村卫生室 Village Clinics | 门诊部(所) Clinics |
|---|---|---|---|---|---|---|
| 江 西 | Jiangxi | 37066 | 610 | 1585 | 30697 | 4168 |
| 山 东 | Shandong | 73041 | 2310 | 1630 | 53780 | 15321 |
| 河 南 | Henan | 67092 | 1316 | 2057 | 56918 | 6794 |
| 湖 北 | Hubei | 34563 | 1188 | 1140 | 24795 | 7411 |
| 湖 南 | Hunan | 58586 | 674 | 2296 | 44822 | 10792 |
| 广 东 | Guangdong | 45013 | 2553 | 1196 | 27177 | 14067 |
| 广 西 | Guangxi | 32216 | 277 | 1267 | 21417 | 9255 |
| 海 南 | Hainan | 4714 | 158 | 297 | 2681 | 1578 |
| 重 庆 | Chongqing | 18986 | 500 | 924 | 11280 | 6269 |
| 四 川 | Sichuan | 76214 | 937 | 4509 | 55869 | 14897 |
| 贵 州 | Guizhou | 26175 | 622 | 1419 | 20831 | 3277 |
| 云 南 | Yunnan | 21833 | 498 | 1372 | 13351 | 6611 |
| 西 藏 | Tibet | 6531 | 9 | 680 | 5353 | 489 |
| 陕 西 | Shaanxi | 34098 | 606 | 1589 | 25717 | 6177 |
| 甘 肃 | Gansu | 25459 | 611 | 1371 | 16744 | 6732 |
| 青 海 | Qinghai | 5860 | 210 | 404 | 4491 | 754 |
| 宁 夏 | Ningxia | 3981 | 131 | 219 | 2453 | 1178 |
| 新 疆 | Xinjiang | 17075 | 800 | 927 | 10439 | 4909 |

# 中医类医疗卫生机构数（个）

Number of TCM Institutions

| 机构名称 Institution | 2010 | 2011 | 2012 | 2013 | 2014 | 2015 |
|---|---|---|---|---|---|---|
| **总计 Total** | **36714** | **38224** | **39382** | **41966** | **43635** | **46541** |
| 中医类医院 Hospitals Specialized in | 3232 | 3308 | 3409 | 3590 | 3732 | 3966 |
| 中医医院 TCM Hospitals | 2778 | 2831 | 2889 | 3015 | 3115 | 3267 |
| 中西医结合医院 Hospitals of Integrated Chinese and Western Medicine | 256 | 277 | 312 | 358 | 384 | 446 |
| 民族医医院 Hospitals of Traditional Ethnic Medicine | 198 | 200 | 208 | 217 | 233 | 253 |
| 中医类门诊部 Outpatient Departments Specialized in TCM | 937 | 1113 | 1218 | 1283 | 1468 | 1640 |
| 中医门诊部 TCM Outpatient Departments | 734 | 848 | 910 | 991 | 1154 | 1304 |
| 中西医结合门诊部 Outpatient Departments of Integrated Chinese and Western Medicine | 192 | 253 | 297 | 279 | 301 | 320 |
| 民族医门诊部 Outpatient Departments of Traditional Ethnic Medicine | 11 | 12 | 11 | 13 | 13 | 16 |
| 中医类诊所 Clinics Specialized in TCM | 32496 | 33756 | 34707 | 37045 | 38386 | 40888 |
| 中医诊所 TCM Clinics | 24978 | 26115 | 27209 | 29335 | 30795 | 32968 |
| 中西医结合诊所 Clinics of Integrated Chinese and Western Medicine | 7159 | 7248 | 7088 | 7286 | 7116 | 7386 |
| 民族医诊所 Clinics of Traditional Ethnic Medicine | 359 | 393 | 410 | 424 | 475 | 534 |
| 中医类研究机构 Institutions Specialized in TCM Research | 49 | 47 | 48 | 48 | 49 | 47 |
| 中医(药)研究院(所) TCM Institutions | 36 | 34 | 35 | 35 | 36 | 35 |
| 中西医结合研究所 Institutions of Integrated Chinese and Western Medicine | 3 | 3 | 3 | 3 | 3 | 3 |
| 民族医(药)学研究所 Institutions of Traditional Ethnic Medicine | 10 | 10 | 10 | 10 | 10 | 9 |

# 提供中医服务的基层医疗卫生机构数

Grass-roots Health Care Institutions Providing TCM Services

| | 2010 | 2011 | 2012 | 2013 | 2014 | 2015 |
|---|---|---|---|---|---|---|
| **提供中医服务的基层医疗卫生机构数(个)** | **213907** | **220305** | **226061** | **231684** | **235801** | **400604** |
| Grass-roots Health Care Institutions Providing TCM Services | | | | | | |
| 社区卫生服务中心 | 3283 | 3821 | 4153 | 4483 | 4709 | 5715 |
| Community Health Centers | | | | | | |
| 社区卫生服务站 | 4080 | 4236 | 4383 | 4745 | 4964 | 7724 |
| Community Health Stations | | | | | | |
| 乡镇卫生院 | 20854 | 21163 | 21940 | 22745 | 23148 | 33052 |
| Township Health Centers | | | | | | |
| 村卫生室 | 185690 | 191085 | 195585 | 199711 | 202980 | 354113 |
| Village Clinics | | | | | | |
| **占同类机构总数的%** | | | | | | |
| As % of the Same Type of Institution | | | | | | |
| 社区卫生服务中心 | 80.6 | 79.6 | 80.8 | 82.5 | 83.2 | 96.9 |
| Community Health Centers | | | | | | |
| 社区卫生服务站 | 46.3 | 47.9 | 48.0 | 51.3 | 53.0 | 80.9 |
| Community Health Stations | | | | | | |
| 乡镇卫生院 | 57.3 | 58.8 | 61.2 | 63.6 | 64.9 | 93.0 |
| Township Health Centers | | | | | | |
| 村卫生室 | 31.3 | 31.8 | 32.8 | 33.6 | 34.4 | 60.3 |
| Village Clinics | | | | | | |

注：①2014年之前按配备中医类别执业(助理)医师的社区卫生服务中心(站)、乡镇卫生院数及以中医、中西医结合、民族医为主的村卫生室统计；②2015年起按配备中医类别执业(助理)医师、有中草药收入、中医处方、开展中医医疗技术和中医药健康管理的社区卫生服务中心(站)、乡镇卫生院数及以中医、中西医结合、民族医为主、有中药柜、开展中医医疗技术和中医药健康管理的村卫生室统计；③本表不含分支机构。

# 专业公共卫生机构数（个）

Number of Specialized Public Health Institutions

| 机构名称 Institution | 2010 | 2011 | 2012 | 2013 | 2014 | 2015 |
|---|---|---|---|---|---|---|
| **总计** Total | **11835** | **12083** | **31155** | **31155** | **35029** | **31927** |
| 疾病预防控制中心 CDC | 3513 | 3484 | 3490 | 3516 | 3490 | 3478 |
| 专科疾病防治机构 Specialized Disease Prevention & Treatment Institutions | 1274 | 1294 | 1289 | 1271 | 1242 | 1234 |
| 健康教育机构 Health Education Institutions | 139 | 147 | 160 | 169 | 172 | 166 |
| 妇幼保健机构 MCH Institutions | 3025 | 3036 | 3044 | 3144 | 3098 | 3078 |
| 急救中心(站) Emergency Centers (First-Aid Stations) | 245 | 270 | 295 | 312 | 325 | 345 |
| 采供血机构 Institutions for Blood Gathering and Supplying | 530 | 525 | 531 | 538 | 541 | 548 |
| 卫生监督机构 Health Inspection Institutions | 2992 | 3022 | 3088 | 2967 | 2975 | 2986 |
| 计划生育技术服务机构 Institutions for Family Planning Services | 117 | 148 | 186 | 19238 | 23186 | 20092 |

注：2013年起增加原计生部门主管的计划生育技术服务机构。

# 各地区专业公共卫生机构数（2015年）

## Number of Specialized Public Health Institutions by Region (2015)

| 地 区 | Region | 合计 Total | 疾病预防控制中心 CDC | 专科疾病防治机构 Specialized Disease Prevention & Treatment Institutions | 妇幼保健机构 MCH Institutions | 卫生监督机构 Health Inspection Institutions |
|---|---|---|---|---|---|---|
| **总 计** | Total | **31927** | **3478** | **1234** | **3078** | **2986** |
| 东 部 | Eastern | 9763 | 1060 | 516 | 971 | 897 |
| 中 部 | Central | 10553 | 1078 | 517 | 983 | 940 |
| 西 部 | Western | 11611 | 1340 | 201 | 1124 | 1149 |
| 北 京 | Beijing | 113 | 30 | 25 | 19 | 18 |
| 天 津 | Tianjin | 151 | 24 | 16 | 21 | 19 |
| 河 北 | Hebei | 1264 | 193 | 9 | 204 | 180 |
| 山 西 | Shanxi | 460 | 134 | 8 | 132 | 131 |
| 内蒙古 | Inner Mongolia | 664 | 119 | 53 | 114 | 114 |
| 辽 宁 | Liaoning | 955 | 131 | 85 | 110 | 89 |
| 吉 林 | Jilin | 432 | 68 | 54 | 70 | 38 |
| 黑龙江 | Heilongjiang | 1301 | 167 | 111 | 142 | 138 |
| 上 海 | Shanghai | 116 | 19 | 21 | 21 | 18 |
| 江 苏 | Jiangsu | 1244 | 120 | 44 | 109 | 108 |
| 浙 江 | Zhejiang | 483 | 101 | 16 | 88 | 101 |
| 安 徽 | Anhui | 1721 | 121 | 47 | 121 | 113 |
| 福 建 | Fujian | 1401 | 96 | 23 | 87 | 85 |

## 续表 Continued

| 地区 Region | | 合计 Total | 疾病预防控制中心 CDC | 专科疾病防治机构 Specialized Disease Prevention & Treatment Institutions | 妇幼保健机构 MCH Institutions | 卫生监督机构 Health Inspection Institutions |
|---|---|---|---|---|---|---|
| 江 西 | Jiangxi | 812 | 148 | 111 | 112 | 110 |
| 山 东 | Shandong | 2086 | 182 | 128 | 158 | 104 |
| 河 南 | Henan | 2471 | 179 | 22 | 164 | 176 |
| 湖 北 | Hubei | 578 | 114 | 76 | 103 | 104 |
| 湖 南 | Hunan | 2778 | 147 | 88 | 139 | 130 |
| 广 东 | Guangdong | 1831 | 137 | 131 | 130 | 151 |
| 广 西 | Guangxi | 1657 | 115 | 41 | 104 | 110 |
| 海 南 | Hainan | 119 | 27 | 18 | 24 | 24 |
| 重 庆 | Chongqing | 159 | 42 | 15 | 40 | 39 |
| 四 川 | Sichuan | 1801 | 206 | 35 | 202 | 203 |
| 贵 州 | Guizhou | 1318 | 100 | 10 | 102 | 95 |
| 云 南 | Yunnan | 1183 | 150 | 29 | 145 | 142 |
| 西 藏 | Tibet | 142 | 82 | 0 | 55 | 1 |
| 陕 西 | Shaanxi | 1804 | 119 | 6 | 117 | 115 |
| 甘 肃 | Gansu | 1774 | 103 | 7 | 100 | 93 |
| 青 海 | Qinghai | 178 | 56 | 1 | 31 | 55 |
| 宁 夏 | Ningxia | 129 | 25 | 0 | 22 | 24 |
| 新 疆 | Xinjiang | 802 | 223 | 4 | 92 | 158 |

# 医疗卫生机构床位数（万张）

Number of Beds in Health Care Institutions (10000)

| | 2010 | 2011 | 2012 | 2013 | 2014 | 2015 |
|---|---|---|---|---|---|---|
| **总计 Total** | **478.7** | **516.0** | **572.5** | **618.2** | **660.1** | **701.5** |
| 医院 Hospitals | 338.7 | 370.5 | 416.1 | 457.9 | 496.1 | 533.1 |
| 基层医疗卫生机构 Grass-roots Health Care Institutions | 119.2 | 123.4 | 132.4 | 135.0 | 138.1 | 141.4 |
| 专业公共卫生机构 Specialized Public Health Institutions | 16.5 | 17.8 | 19.8 | 21.5 | 22.3 | 23.6 |
| 其他机构 Other Health Care Institutions | 4.3 | 4.3 | 4.1 | 3.9 | 3.6 | 3.4 |
| **总计中：** | | | | | | |
| **非公医疗卫生机构** Non-public Health Care Institutions | **41.2** | **50.1** | **63.5** | **75.5** | **87.6** | **107.5** |
| #医院 Hospitals | 37.4 | 46.1 | 58.2 | 71.3 | 83.5 | 103.4 |
| 基层医疗卫生机构 Grass-roots Health Care Institutions | 3.8 | 3.8 | 5.1 | 3.9 | 3.8 | 3.9 |

# 各地区医疗卫生机构床位数（2015年）

Number of Beds in Health Care Institutions by Region (2015)

| 地区 | Region | 床位总数(张) Number of Beds | 医院 Hospitals | 公立医院 Public Hospitals | 每千人口医疗卫生机构床位数 Beds per 1000 Population |
|---|---|---|---|---|---|
| **总计** | **Total** | **7015220** | **5330580** | **4296401** | **5.11** |
| 东部 | Eastern | 2760007 | 2192091 | 1770168 | 4.85 |
| 中部 | Central | 2235259 | 1646291 | 1361112 | 5.19 |
| 西部 | Western | 2019954 | 1492198 | 1165121 | 5.44 |
| 北京 | Beijing | 111555 | 104644 | 82792 | 5.14 |
| 天津 | Tianjin | 63693 | 55556 | 44452 | 4.12 |
| 河北 | Hebei | 342096 | 253825 | 209256 | 4.61 |
| 山西 | Shanxi | 183209 | 140257 | 116234 | 5.00 |
| 内蒙古 | Inner Mongolia | 133892 | 105185 | 88391 | 5.33 |
| 辽宁 | Liaoning | 266986 | 222644 | 187950 | 6.09 |
| 吉林 | Jilin | 144500 | 117699 | 96036 | 5.25 |
| 黑龙江 | Heilongjiang | 212590 | 173642 | 151492 | 5.58 |
| 上海 | Shanghai | 122813 | 103526 | 90512 | 5.08 |
| 江苏 | Jiangsu | 413612 | 328500 | 236091 | 5.19 |
| 浙江 | Zhejiang | 272509 | 239444 | 188170 | 4.92 |
| 安徽 | Anhui | 267405 | 202713 | 154516 | 4.35 |
| 福建 | Fujian | 173007 | 129559 | 108644 | 4.51 |

续表 Continued

| 地 区 | Region | 床位总数(张) Number of Beds | 医院 Hospitals | 公立医院 Public Hospitals | 每千人口医疗卫生机构床位数 Beds per 1000 Population |
|---|---|---|---|---|---|
| 江 西 | Jiangxi | 197837 | 134277 | 115706 | 4.33 |
| 山 东 | Shandong | 519372 | 378884 | 305735 | 5.27 |
| 河 南 | Henan | 489621 | 358341 | 294724 | 5.16 |
| 湖 北 | Hubei | 343147 | 243481 | 207954 | 5.86 |
| 湖 南 | Hunan | 396950 | 275881 | 224450 | 5.85 |
| 广 东 | Guangdong | 435666 | 345258 | 289677 | 4.02 |
| 广 西 | Guangxi | 214485 | 140306 | 127358 | 4.47 |
| 海 南 | Hainan | 38698 | 30251 | 26889 | 4.25 |
| 重 庆 | Chongqing | 176549 | 123855 | 88981 | 5.85 |
| 四 川 | Sichuan | 488755 | 345771 | 252801 | 5.96 |
| 贵 州 | Guizhou | 196422 | 148112 | 97501 | 5.57 |
| 云 南 | Yunnan | 237597 | 181269 | 131439 | 5.01 |
| 西 藏 | Tibet | 14013 | 9944 | 7902 | 4.33 |
| 陕 西 | Shaanxi | 211885 | 167248 | 135593 | 5.59 |
| 甘 肃 | Gansu | 127743 | 94596 | 85663 | 4.91 |
| 青 海 | Qinghai | 34546 | 28322 | 24114 | 5.87 |
| 宁 夏 | Ningxia | 33804 | 29566 | 24477 | 5.06 |
| 新 疆 | Xinjiang | 150263 | 118024 | 100901 | 6.37 |

# 医院床位数（万张）

Number of Beds in Hospitals (10000)

| | 2010 | 2011 | 2012 | 2013 | 2014 | 2015 |
|---|---|---|---|---|---|---|
| **总计 Total** | **338.7** | **370.5** | **416.1** | **457.9** | **496.1** | **533.1** |
| 按经济类型分 By Ownership | | | | | | |
| 公立医院 Public Hospitals | 301.4 | 324.4 | 357.9 | 386.5 | 412.6 | 429.6 |
| 民营医院 Non-public Hospitals | 37.4 | 46.1 | 58.2 | 71.3 | 83.5 | 103.4 |
| 按医院等级分 By Hospital-level | | | | | | |
| #三级医院 Third-level Hospitals | 106.5 | 122.4 | 147.0 | 167.0 | 187.8 | 204.8 |
| 二级医院 Second-level Hospitals | 160.1 | 171.0 | 182.7 | 195.2 | 205.4 | 219.7 |
| 一级医院 First-level Hospitals | 25.7 | 27.7 | 31.3 | 35.0 | 38.7 | 48.2 |
| 按类别分 By Category | | | | | | |
| #综合医院 General Hospitals | 245.0 | 267.1 | 298.0 | 325.5 | 350.0 | 372.1 |
| 中医医院 TCM Hospitals | 42.4 | 47.7 | 54.8 | 60.9 | 66.5 | 71.5 |
| 专科医院 Specialized Hospitals | 45.9 | 49.6 | 55.7 | 62.1 | 68.6 | 76.3 |

# 医院分科床位数及构成

Number & Percentage of Hospital Beds by Department

| 分科 Department | 实有数(张) Number of Beds | | | 构成 (%) | | |
|---|---|---|---|---|---|---|
| | 2010 | 2014 | 2015 | 2010 | 2014 | 2015 |
| **总计 Total** | **3387437** | **4961161** | **5330580** | **100.0** | **100.0** | **100.0** |
| 内科 Internal Medical Department | 822981 | 1242128 | 1340434 | 24.3 | 25.0 | 25.1 |
| 外科 Surgical Department | 698934 | 1038878 | 1089670 | 20.6 | 20.9 | 20.4 |
| 儿科 Pediatric Department | 186880 | 277679 | 294356 | 5.5 | 5.6 | 5.5 |
| 妇产科 Obs. & Gyn. Department | 286583 | 404886 | 428378 | 8.5 | 8.2 | 8.0 |
| 眼科 Ophthalmologic Department | 61776 | 85550 | 92075 | 1.8 | 1.7 | 1.7 |
| 耳鼻咽喉科 ENT Department | 48836 | 71234 | 74522 | 1.4 | 1.4 | 1.4 |
| 口腔科 Stomatologic Department | 17904 | 25635 | 27831 | 0.5 | 0.5 | 0.5 |
| 精神科 Psychiatric Department | 197319 | 287770 | 325626 | 5.8 | 5.8 | 6.1 |
| 传染科 Infectious Disease Department | 96283 | 118477 | 122521 | 2.8 | 2.4 | 2.3 |
| 结核病科 Tuberculosis Department | 19670 | 21543 | 21819 | 0.6 | 0.4 | 0.4 |
| 肿瘤科 Oncology Department | 122215 | 183388 | 193502 | 3.6 | 3.7 | 3.6 |
| 中医科 TCM Department | 451859 | 720890 | 777605 | 13.3 | 14.5 | 14.6 |
| 其他 Others | 376197 | 483103 | 542241 | 11.1 | 9.7 | 10.2 |

## 基层医疗卫生机构床位数（张）

Number of Beds in Grass-roots Health Care Institutions

| | 2010 | 2011 | 2012 | 2013 | 2014 | 2015 |
|---|---|---|---|---|---|---|
| **总计 Total** | **1192242** | **1233721** | **1324270** | **1349908** | **1381197** | **1413845** |
| 社区卫生服务中心 Community Health Centers | 137628 | 157322 | 163556 | 167998 | 171754 | 178410 |
| #政府办 Government-run | 116569 | 129902 | 130291 | 132352 | 134356 | 138937 |
| 社区卫生服务站 Community Health Stations | 31186 | 29810 | 39654 | 26243 | 24159 | 22569 |
| #政府办 Government-run | 9663 | 7362 | 6324 | 4791 | 4361 | 4065 |
| 街道卫生院 Sub-district Health Centers | 19746 | 10961 | 10552 | 9587 | 9396 | 8867 |
| 乡镇卫生院 Township Health Centers | 994329 | 1026251 | 1099262 | 1136492 | 1167245 | 1196122 |
| #政府办 Government-run | 978983 | 1014312 | 1087286 | 1125098 | 1154837 | 1183178 |
| 门诊部 Outpatient Departments | 9233 | 9258 | 11116 | 9245 | 8306 | 7716 |

# 中医类医疗机构床位数（张）

Number of Beds in TCM Institutions(Bed)

| 机构名称 Institution | 2010 | 2011 | 2012 | 2013 | 2014 | 2015 |
|---|---|---|---|---|---|---|
| **总计 Total** | **548726** | **618205** | **705795** | **794160** | **877255** | **957523** |
| 中医类医院 Hospitals Specialized in TCM | 471289 | 529349 | 612777 | 686793 | 755050 | 819412 |
| 中医医院 TCM Hospitals | 424244 | 477078 | 547967 | 608843 | 665005 | 715393 |
| 中西医结合医院 Hospitals of Integrated Chinese & Western Medicine | 35234 | 38787 | 49844 | 58774 | 67277 | 78611 |
| 民族医医院 Hospitals of Traditional Ethnic Medicine | 11811 | 13484 | 14966 | 19176 | 22768 | 25408 |
| 中医类门诊部 Outpatient Departments Specialized in TCM | 596 | 622 | 805 | 807 | 736 | 585 |
| 中医门诊部 TCM Outpatient Departments | 407 | 427 | 423 | 490 | 500 | 370 |
| 中西医结合门诊部 Outpatient Departments of Integrated Chinese & Western Medicine | 185 | 191 | 363 | 289 | 218 | 197 |
| 民族医门诊部 Outpatient Departments of Traditional Ethnic Medicine | 4 | 4 | 19 | 28 | 18 | 18 |
| 其他中医类临床科室 Other Clinical Department of TCM | 76841 | 88234 | 92213 | 106560 | 121469 | 137526 |

注：中医类临床科室包括中医科各专业、中西医结合科、民族医学科。

Note: Clinical Departments of TCM include departments of TCM,Integrated Chinese and Western Medicine,and traditional ethnic medicine.

# 卫生人员数（万人）

Number of Health Personnel (10000)

| 指标 Indictor | 2010 | 2011 | 2012 | 2013 | 2014 | 2015 |
|---|---|---|---|---|---|---|
| **总计 Total** | **820.8** | **861.6** | **911.6** | **979.0** | **1023.4** | **1069.4** |
| 卫生技术人员 Health Technical Personnel | 587.6 | 620.3 | 667.6 | 721.1 | 759.0 | 800.8 |
| 执业(助理)医师 Physicians & Physician Assistants | 241.3 | 246.6 | 261.6 | 279.5 | 289.3 | 303.9 |
| #执业医师 Physicians | 197.3 | 202.0 | 213.9 | 228.6 | 237.5 | 250.8 |
| 注册护士 Registered Nurses | 204.8 | 224.4 | 249.7 | 278.3 | 300.4 | 324.1 |
| 药剂师(士) Pharmacists | 35.4 | 36.4 | 37.7 | 39.6 | 41.0 | 42.3 |
| 技师(士) Laboratory Technicians | 33.9 | 34.8 | 36.4 | 38.8 | 40.7 | 42.9 |
| 其他 Other Health Technical Personnel | 72.2 | 78.1 | 81.2 | 84.9 | 87.6 | 87.5 |
| 乡村医生和卫生员 Village Doctors & Assistants | 109.2 | 112.6 | 109.4 | 108.1 | 105.8 | 103.2 |
| #乡村医生 Village Doctors | 103.2 | 106.1 | 102.3 | 100.5 | 98.6 | 96.3 |
| 其他技术人员 Other Technical Personnel | 29.0 | 30.6 | 31.9 | 36.0 | 38.0 | 40.0 |
| 管理人员 Administrative Staffs | 37.1 | 37.5 | 37.3 | 42.1 | 45.1 | 47.3 |
| 工勤技能人员 Logistics Technical Workers | 57.9 | 60.6 | 65.4 | 71.8 | 75.5 | 78.2 |

注: ①2010年起，卫生人员包括返聘本单位半年以上人员；②卫生技术人员包括取得“卫生监督员证书”的公务员。以下各表同。

Note: ①Health personnel re-employed for more than six months are included since 2010; ②Health technical personnel include sanitation supervisors in public servants.The same applies to the related tables following.

# 各地区卫生人员数（2015年）

Number of Health Personnel by Region (2015)

| 地 区 | Region | 人员数 Personnel | 卫生技术人员 Health Technical Personnel | 执业(助理)医师 Physicians & Physician Assistants | 注册护士 Registered Nurses |
|---|---|---|---|---|---|
| **总 计** | Total | **10693881** | **8007537** | **3039135** | **3241469** |
| 东 部 | Eastern | 4584329 | 3519912 | 1365434 | 1435002 |
| 中 部 | Central | 3204929 | 2338546 | 910221 | 953688 |
| 西 部 | Western | 2894623 | 2139079 | 763480 | 852779 |
| 北 京 | Beijing | 289204 | 225440 | 85232 | 94626 |
| 天 津 | Tianjin | 118111 | 90748 | 35871 | 33804 |
| 河 北 | Hebei | 533286 | 372747 | 166881 | 132837 |
| 山 西 | Shanxi | 294851 | 213995 | 90216 | 83344 |
| 内蒙古 | Inner Mongolia | 212499 | 162327 | 64238 | 61223 |
| 辽 宁 | Liaoning | 348525 | 264419 | 104552 | 110976 |
| 吉 林 | Jilin | 214193 | 158963 | 67245 | 60719 |
| 黑龙江 | Heilongjiang | 285914 | 215264 | 82708 | 80955 |
| 上 海 | Shanghai | 208444 | 170125 | 62983 | 75436 |
| 江 苏 | Jiangsu | 618945 | 487005 | 189216 | 203998 |
| 浙 江 | Zhejiang | 491008 | 405620 | 158056 | 159945 |
| 安 徽 | Anhui | 377387 | 280768 | 107792 | 119303 |
| 福 建 | Fujian | 281330 | 212931 | 77984 | 90450 |

续表 Continued

| 地 区 Region | 人员数 Personnel | 卫生技术人员 Health Technical Personnel | 执业(助理)医师 Physicians & Physician Assistants | 注册护士 Registered Nurses |
|---|---|---|---|---|
| 江 西 Jiangxi | 291574 | 210927 | 76807 | 89579 |
| 山 东 Shandong | 855706 | 618192 | 237118 | 254170 |
| 河 南 Henan | 771088 | 519939 | 198616 | 205366 |
| 湖 北 Hubei | 475747 | 367902 | 135997 | 165077 |
| 湖 南 Hunan | 494175 | 370788 | 150840 | 149345 |
| 广 东 Guangdong | 768482 | 617975 | 228539 | 254098 |
| 广 西 Guangxi | 374817 | 274659 | 91585 | 113202 |
| 海 南 Hainan | 71288 | 54710 | 19002 | 24662 |
| 重 庆 Chongqing | 227095 | 166708 | 60973 | 69954 |
| 四 川 Sichuan | 646542 | 472169 | 181480 | 190602 |
| 贵 州 Guizhou | 259144 | 187282 | 63384 | 76032 |
| 云 南 Yunnan | 304551 | 227998 | 79567 | 93278 |
| 西 藏 Tibet | 29094 | 14341 | 6213 | 3190 |
| 陕 西 Shaanxi | 349892 | 265381 | 79496 | 104317 |
| 甘 肃 Gansu | 181445 | 129454 | 49610 | 47782 |
| 青 海 Qinghai | 48440 | 35422 | 13791 | 13194 |
| 宁 夏 Ningxia | 52568 | 41497 | 15860 | 16135 |
| 新 疆 Xinjiang | 208536 | 161841 | 57283 | 63870 |

# 卫生技术人员数(万人)

Number of Health Technical Personnel (10000)

| 指标 Indictor | 2010 | 2011 | 2012 | 2013 | 2014 | 2015 |
|---|---|---|---|---|---|---|
| **卫生技术人员数** Health Technical Personnel | **587.6** | **620.3** | **667.6** | **721.1** | **759.0** | **800.8** |
| 城市 Urban | 295.5 | 313.1 | 339.3 | 370.0 | 392.2 | 422.0 |
| 农村 Rural | 291.1 | 306.1 | 327.5 | 350.0 | 365.7 | 377.7 |
| 执业(助理)医师 Physicians & Physician Assistants | 241.3 | 246.6 | 261.6 | 279.5 | 289.3 | 303.9 |
| 城市 Urban | 115.2 | 119.1 | 126.8 | 136.8 | 143.2 | 153.8 |
| 农村 Rural | 126.1 | 127.5 | 134.8 | 142.7 | 146.1 | 150.2 |
| #执业医师 Physicians | 197.3 | 202.0 | 213.9 | 228.6 | 237.5 | 250.8 |
| 城市 Urban | 106.2 | 110.1 | 117.5 | 126.8 | 133.1 | 143.1 |
| 农村 Rural | 91.1 | 91.9 | 96.4 | 101.8 | 104.4 | 107.7 |
| 注册护士 Registered Nurses | 204.8 | 224.4 | 249.7 | 278.3 | 300.4 | 324.1 |
| 城市 Urban | 120.0 | 130.4 | 145.0 | 161.3 | 173.7 | 189.3 |
| 农村 Rural | 84.8 | 94.0 | 104.7 | 117.1 | 126.7 | 134.9 |

注：城市包括直辖市和地级市所辖区，农村包括县及县级市。

Note: Urban areas include municipalities, districts under the Jurisdiction of cities, and cities at county level. Rural areas include counties and cities at county-level.

# 每千人口卫生技术人员数

## Number of Health Technical Personnel per 1000 Population

| 指标 Indictor | 2010 | 2011 | 2012 | 2013 | 2014 | 2015 |
|---|---|---|---|---|---|---|
| **卫生技术人员(人)** Health Technical Personnel | **4.39** | **4.61** | **4.94** | **5.31** | **5.56** | **5.83** |
| 城市 Urban | 7.62 | 7.77 | 8.54 | 9.21 | 9.70 | 10.33 |
| 农村 Rural | 3.04 | 3.20 | 3.41 | 3.63 | 3.77 | 3.89 |
| 执业(助理)医师 Physicians & Physician Assistants | 1.80 | 1.83 | 1.94 | 2.06 | 2.12 | 2.21 |
| 城市 Urban | 2.97 | 2.95 | 3.19 | 3.40 | 3.54 | 3.76 |
| 农村 Rural | 1.32 | 1.33 | 1.40 | 1.48 | 1.51 | 1.54 |
| #执业医师 Physicians | 1.47 | 1.50 | 1.58 | 1.68 | 1.74 | 1.83 |
| 城市 Urban | 2.74 | 2.73 | 2.96 | 3.16 | 3.29 | 3.50 |
| 农村 Rural | 0.95 | 0.96 | 1.00 | 1.05 | 1.08 | 1.11 |
| 注册护士 Registered Nurses | 1.53 | 1.67 | 1.85 | 2.05 | 2.20 | 2.36 |
| 城市 Urban | 3.09 | 3.23 | 3.65 | 4.01 | 4.30 | 4.63 |
| 农村 Rural | 0.89 | 0.98 | 1.09 | 1.21 | 1.31 | 1.39 |

注：①总计以常住人口为分母，城市、农村以户籍人口为分母；②2015年城市、农村人口系推算数字。

Note：①Total population used in this table are resident population，urban and rural population are registered population；②Urban and rural population in 2015 are estimates.

# 各地区每千人口卫生人员数（2015年）

Number of Health Personnel per 1000 Population by Region (2015)

| 地区 | Region | 每千人口 Per 1000 Population | | 每万人口 Per 10000 Population | |
|---|---|---|---|---|---|
| | | 执业(助理)医师 Physicians & Physician Assistants | 注册护士 Registered Nurses | 全科医生数 General Practitioners | 公共卫生人员数 Public Health Workers |
| **总 计** | **Total** | **2.21** | **2.36** | **1.38** | **6.39** |
| 东 部 | Eastern | 2.40 | 2.52 | 1.83 | 5.80 |
| 中 部 | Central | 2.11 | 2.22 | 1.05 | 6.65 |
| 西 部 | Western | 2.06 | 2.30 | 1.06 | 6.75 |
| 北 京 | Beijing | 3.93 | 4.36 | 3.81 | 6.85 |
| 天 津 | Tianjin | 2.32 | 2.19 | 1.39 | 3.89 |
| 河 北 | Hebei | 2.25 | 1.79 | 1.25 | 5.36 |
| 山 西 | Shanxi | 2.46 | 2.27 | 1.10 | 5.21 |
| 内蒙古 | Inner Mongolia | 2.56 | 2.44 | 1.23 | 7.58 |
| 辽 宁 | Liaoning | 2.39 | 2.53 | 0.83 | 5.16 |
| 吉 林 | Jilin | 2.44 | 2.21 | 1.05 | 5.81 |
| 黑龙江 | Heilongjiang | 2.17 | 2.12 | 1.13 | 6.57 |
| 上 海 | Shanghai | 2.61 | 3.12 | 3.04 | 4.91 |
| 江 苏 | Jiangsu | 2.37 | 2.56 | 2.61 | 4.68 |
| 浙 江 | Zhejiang | 2.85 | 2.89 | 3.90 | 5.20 |
| 安 徽 | Anhui | 1.75 | 1.94 | 1.20 | 4.21 |
| 福 建 | Fujian | 2.03 | 2.36 | 1.33 | 6.46 |

**续表 Continued**

| 地区 Region | | 每千人口 Per 1000 Population | | 每万人口 Per 10000 Population | |
|---|---|---|---|---|---|
| | | 执业(助理)医师 Physicians & Physician Assistants | 注册护士 Registered Nurses | 全科医生数 General Practitioners | 公共卫生人员数 Public Health Workers |
| 江 西 | Jiangxi | 1.68 | 1.96 | 0.73 | 6.06 |
| 山 东 | Shandong | 2.41 | 2.58 | 1.01 | 6.48 |
| 河 南 | Henan | 2.10 | 2.17 | 1.09 | 8.58 |
| 湖 北 | Hubei | 2.32 | 2.82 | 1.19 | 6.49 |
| 湖 南 | Hunan | 2.22 | 2.20 | 0.90 | 7.83 |
| 广 东 | Guangdong | 2.11 | 2.34 | 1.38 | 6.77 |
| 广 西 | Guangxi | 1.91 | 2.36 | 0.97 | 10.48 |
| 海 南 | Hainan | 2.09 | 2.71 | 0.96 | 7.19 |
| 重 庆 | Chongqing | 2.02 | 2.32 | 0.95 | 3.90 |
| 四 川 | Sichuan | 2.21 | 2.32 | 1.27 | 5.19 |
| 贵 州 | Guizhou | 1.80 | 2.15 | 0.89 | 5.29 |
| 云 南 | Yunnan | 1.68 | 1.97 | 0.90 | 5.39 |
| 西 藏 | Tibet | 1.92 | 0.98 | 0.50 | 5.44 |
| 陕 西 | Shaanxi | 2.10 | 2.75 | 0.56 | 8.91 |
| 甘 肃 | Gansu | 1.91 | 1.84 | 1.27 | 9.43 |
| 青 海 | Qinghai | 2.34 | 2.24 | 1.63 | 5.60 |
| 宁 夏 | Ningxia | 2.37 | 2.42 | 0.85 | 6.47 |
| 新 疆 | Xinjiang | 2.43 | 2.71 | 1.57 | 6.46 |

# 卫生技术人员年龄学历及技术职务构成（2015年）

Percentage of Health Technical Personnel by Age, Educational-Level, and Technical Position (2015)

| 分组<br>Group | 合计<br>Total | 医院<br>Hospitals | 社区卫生服务中心<br>Community Health Centers | 乡镇卫生院<br>Township Health Centers | 疾病预防控制中心<br>CDC |
|---|---|---|---|---|---|
| **构成（%）** | **100.0** | **100.0** | **100.0** | **100.0** | **100.0** |
| 按年龄分 By Age Group | | | | | |
| 25岁以下 | 8.1 | 9.5 | 5.6 | 7.1 | 1.3 |
| 25～34岁 | 37.9 | 42.6 | 33.1 | 32.1 | 22.7 |
| 35～44岁 | 26.8 | 24.1 | 32.1 | 35.3 | 32.3 |
| 45～54岁 | 18.1 | 17.1 | 19.4 | 18.3 | 32.2 |
| 55～59岁 | 3.9 | 3.3 | 4.8 | 3.8 | 7.8 |
| 60岁及以上 | 5.1 | 3.5 | 5.0 | 3.4 | 3.7 |
| 按学历分 By Educational Level | | | | | |
| 研究生 Postgraduate | 4.7 | 6.7 | 1.0 | 0.1 | 5.2 |
| 大学Undergraduate | 25.9 | 31.1 | 25.0 | 8.6 | 30.8 |
| 大专 Junior College | 38.9 | 38.5 | 41.5 | 39.4 | 36.6 |
| 中专 Secondary Technical School | 28.2 | 22.3 | 29.0 | 46.9 | 24.2 |
| 高中及以下 Senior Secondary School and Below | 2.3 | 1.4 | 3.5 | 5.0 | 3.2 |
| 按技术职务分 By Technical Position | | | | | |
| 高级 Senior | 7.6 | 9.5 | 4.3 | 1.2 | 10.4 |
| 中级 Intermediate | 21.3 | 22.1 | 24.5 | 13.6 | 33.2 |
| 初级 Junior | 60.8 | 57.9 | 62.9 | 72.8 | 49.5 |
| 未聘 Others | 10.3 | 10.5 | 8.3 | 12.3 | 6.9 |

# 执业（助理）医师年龄学历及技术职务构成（2015年）

Percentage of Physicians and Physician Assistants by Age, Educational-Level, and Technical Position (2015)

| 分组<br>Group | 合计<br>Total | 医院<br>Hospitals | 社区卫生服务中心<br>Community Health Centers | 乡镇卫生院<br>Township Health Centers | 疾病预防控制中心<br>CDC |
|---|---|---|---|---|---|
| **构成（%）** | **100.0** | **100.0** | **100.0** | **100.0** | **100.0** |
| 按年龄分 By Age Group | | | | | |
| 25岁以下 | 0.1 | 0.1 | 0.2 | 0.2 | 0.1 |
| 25～34岁 | 23.5 | 28.1 | 22.4 | 19.0 | 15.5 |
| 35～44岁 | 35.2 | 34.3 | 38.7 | 44.6 | 31.6 |
| 45～54岁 | 24.4 | 24.1 | 23.0 | 24.6 | 37.0 |
| 55～59岁 | 5.9 | 5.3 | 6.7 | 5.6 | 10.2 |
| 60岁及以上 | 11.0 | 8.1 | 9.0 | 5.9 | 5.6 |
| 按学历分 By Educational Level | | | | | |
| 研究生 Postgraduate | 10.3 | 16.6 | 2.1 | 0.1 | 5.7 |
| 大学Undergraduate | 38.8 | 50.5 | 37.7 | 12.9 | 34.6 |
| 大专 Junior College | 30.6 | 23.2 | 38.3 | 42.8 | 34.5 |
| 中专 Secondary Technical School | 18.3 | 9.0 | 19.1 | 40.0 | 22.5 |
| 高中及以下 Senior Secondary School and Below | 2.0 | 0.8 | 2.9 | 4.2 | 2.7 |
| 按技术职务分 By Technical Position | | | | | |
| 高级 Senior | 17.3 | 24.2 | 8.8 | 2.8 | 14.7 |
| 中级 Intermediate | 31.3 | 33.0 | 34.7 | 22.3 | 40.2 |
| 初级 Junior | 49.0 | 40.6 | 55.0 | 72.8 | 43.5 |
| 未聘 Others | 2.3 | 2.2 | 1.5 | 2.1 | 1.6 |

## 各类别执业（助理）医师及构成（2015年）

Physicians & Physician Assistants by Practicing Category (2015)

| | 合计<br>Total | 执业医师<br>Physicians | 执业助理医师<br>Physician Assistants |
|---|---|---|---|
| **人数** Number (10000) | **303.9** | **250.8** | **53.1** |
| 临床类别 Clinical | 232.2 | 191.3 | 40.9 |
| 中医类别 Chinese Medicine | 45.2 | 38.3 | 6.9 |
| 口腔类别 Stomatology | 15.4 | 12.5 | 2.9 |
| 公共卫生类别 Public Health | 11.1 | 8.8 | 2.4 |
| **构成(%)** | | | |
| 临床类别 Clinical | 76.4 | 76.3 | 77.1 |
| 中医类别 Chinese Medicine | 14.9 | 15.3 | 13.0 |
| 口腔类别 Stomatology | 5.1 | 5.0 | 5.4 |
| 公共卫生类别 Public Health | 3.7 | 3.5 | 4.4 |

## 全科医生数（2015年）

Number of General Practitioners (2015)

| | 合计<br>Total | 注册为全科医学专业的人数<br>General Practioners | 取得全科医生培训合格证的人数<br>Obtained General Practitioner |
|---|---|---|---|
| **人数** Number | **188649** | **68364** | **120285** |
| #医院<br>Hospitals | 31382 | 8936 | 22446 |
| 社区服务中心(站)<br>Community Health Centers and Stations | 73288 | 33169 | 40119 |
| 乡镇卫生院<br>Township Health Centers | 80975 | 25434 | 55541 |

注：全科医生数指注册为全科医学专业或取得全科医生培训合格证的执业(助理)医师数之和。

Note: Number of General Practitioners includes physicians & physician assistants registered as general practitioner and those obtained training certificates.

# 分科医师构成（%）
## Percentage of Physicians by Department

| 科别 Department | 2010 | 2014 | 2015 |
|---|---|---|---|
| **总计 Total** | **100.0** | **100.0** | **100.0** |
| 内科<br>Internal Medical Department | 21.2 | 22.8 | 22.8 |
| 外科<br>Surgical Department | 12.1 | 12.7 | 12.6 |
| 儿科<br>Pediatric Department | 4.8 | 3.9 | 3.9 |
| 妇产科<br>Obs. & Gyn. Department | 10.1 | 9.4 | 9.3 |
| 眼科<br>Ophthalmologic Department | 1.2 | 1.3 | 1.3 |
| 耳鼻咽喉科<br>ENT Department | 1.4 | 1.4 | 1.4 |
| 口腔科<br>Stomatologic Department | 4.3 | 5.0 | 5.2 |
| 精神科<br>Psychiatric Department | 1.3 | 0.9 | 0.9 |
| 传染科<br>Infectious Disease Department | 1.1 | 0.7 | 0.7 |
| 结核病科<br>Tuberculosis Department | 0.4 | 0.2 | 0.2 |
| 皮肤病科<br>Dermatological Department | 0.9 | 0.9 | 0.9 |
| 肿瘤科<br>Oncology Department | 1.1 | 0.9 | 0.9 |
| 影像科<br>Radiological Department | 5.6 | 6.6 | 6.7 |
| 中医科<br>TCM Department | 15.4 | 11.6 | 11.6 |
| 其他 Others | 19.3 | 21.8 | 21.8 |

注：医师指执业(助理）医师。

Note: Physicians refer to physicians and physician assistants.

## 各类医疗卫生机构人员数（万人）

Number of Personnel in Health Care Institutions (10000)

| | 2010 | 2011 | 2012 | 2013 | 2014 | 2015 |
|---|---|---|---|---|---|---|
| **医院卫生人员** Health Personnel of Hospitals | **422.7** | **452.7** | **493.7** | **537.1** | **574.2** | **613.3** |
| #卫生技术人员 Health Technical Personnel | 343.8 | 370.6 | 405.8 | 442.5 | 474.2 | 507.1 |
| #执业(助理)医师 Physicians and Physician Assistants | 126.1 | 130.7 | 140.4 | 150.3 | 158.4 | 169.3 |
| 注册护士 Registered Nurses | 146.9 | 162.8 | 183.0 | 204.1 | 222.2 | 240.8 |
| **基层医疗卫生机构卫生人员** Health Personnel of Grass-roots Health Care Institutions | **328.2** | **337.5** | **343.7** | **351.4** | **353.7** | **360.3** |
| #卫生技术人员 Health Technical Personnel | 191.4 | 196.2 | 205.2 | 213.8 | 217.7 | 225.8 |
| #执业(助理)医师 Physicians and Physician Assistants | 94.9 | 96.0 | 101.0 | 105.0 | 106.4 | 110.2 |
| 注册护士 Registered Nurses | 46.7 | 49.3 | 52.8 | 57.7 | 60.4 | 64.7 |
| **专业公共卫生机构卫生人员** Health Personnel of Specialized Public Health Institutions | **62.5** | **64.1** | **66.7** | **82.6** | **87.5** | **87.7** |
| #卫生技术人员 Health Technical Personnel | 48.7 | 49.8 | 52.9 | 60.9 | 63.2 | 63.9 |

# 非公医疗卫生机构人员数（万人）

Number of Health Personnel in Non-public Health Care Institutions (10000)

| | 2010 | 2011 | 2012 | 2013 | 2014 | 2015 |
|---|---|---|---|---|---|---|
| **人员数** Health Personnel | **139.7** | **151.1** | **162.0** | **173.9** | **184.7** | **204.7** |
| #卫生技术人员 Health Technical Personnel | 82.3 | 90.8 | 101.8 | 114.0 | 124.0 | 141.6 |
| #执业(助理)医师 Physicians & Physician Assistants | 40.8 | 44.1 | 48.4 | 52.9 | 56.5 | 63.0 |
| 注册护士 Registered Nurses | 25.3 | 29.3 | 34.1 | 40.1 | 45.3 | 54.0 |
| **占同类机构人员比重（%）** As % of the Same Type of Institutions | **17.0** | **17.6** | **17.8** | **17.8** | **18.1** | **19.2** |
| #卫生技术人员 Health Technical Personnel | 14.0 | 14.7 | 15.3 | 15.8 | 16.4 | 17.7 |
| #执业(助理)医师 Physicians & Physician Assistants | 16.9 | 17.9 | 18.5 | 18.9 | 19.5 | 20.7 |
| 注册护士 Registered Nurses | 12.4 | 13.0 | 13.7 | 14.4 | 15.1 | 16.6 |

# 医院卫生人员数（2015年）

Number of Health Personnel in Hospitals (2015)

| 机构名称 Institution | 卫生人员（人） Health Personnel | 卫生技术人员 Health Technical Personnel | 执业(助理)医师 Physicians and Physician Assistants | 注册护士 Registered Nurses |
|---|---|---|---|---|
| **总计 Total** | **6132793** | **5071151** | **1692766** | **2407632** |
| 按经济类型分 By Ownership | | | | |
| 公立医院 Public Hospitals | 5101595 | 4276938 | 1424166 | 2052071 |
| 民营医院 Non-public Hospitals | 1031198 | 794213 | 268600 | 355561 |
| 按医院等级分 By Level | | | | |
| #三级医院 Third-level Hospitals | 2672764 | 2246694 | 735441 | 1132204 |
| 二级医院 Second-level Hospitals | 2438767 | 2032717 | 673401 | 944191 |
| 一级医院 First-level Hospitals | 458095 | 361993 | 135325 | 145206 |
| 按类别分 By Category | | | | |
| #综合医院 General Hospitals | 4435065 | 3701442 | 1227399 | 1789729 |
| 中医医院 TCM Hospitals | 824022 | 694827 | 248027 | 292609 |
| 专科医院 Specialized Hospitals | 746161 | 571315 | 180377 | 280958 |

# 基层医疗卫生机构人员数（2015年）

## Number of Health Personnel in Grass-roots Health Care Institutions (2015)

| 机构名称 Institution | 卫生人员（人） Health Personnel | 卫生技术人员 Health Technical Personnel | 执业(助理)医师 Physicians & Physician Assistants | 注册护士 Registered Nurses |
|---|---|---|---|---|
| **总计 Total** | **3603162** | **2257701** | **1101934** | **646607** |
| 社区卫生服务中心 Community Health Centers | 397301 | 335979 | 138516 | 116688 |
| #政府办 Government-run | 321739 | 271447 | 112454 | 91436 |
| 社区卫生服务站 Community Health Stations | 107516 | 95179 | 43154 | 36705 |
| #政府办 Government-run | 20473 | 18390 | 7873 | 6302 |
| 街道卫生院 Sub-district Health Centers | 9514 | 7889 | 3487 | 2319 |
| 乡镇卫生院 Township Health Centers | 1277697 | 1078532 | 440889 | 298881 |
| #政府办 Government-run | 1266362 | 1069793 | 437254 | 296227 |
| 村卫生室 Village Clinics | 1197160 | 165635 | 145567 | 20068 |
| 门诊部 Outpatient Departments | 159464 | 132913 | 66577 | 45565 |
| 诊所(医务室) Clinics | 454510 | 441574 | 263744 | 126381 |

注：本表村卫生室执业(助理)医师和注册护士数不含乡镇卫生院设点数字。

Note: Data for clinic physicians (assistants) and registered nurses in village clinics do not include the number of branches of township health centers.

# 社区卫生服务中心（站）及床位、人员数

Number of Community Health Centers (Stations), Beds and Personnel

| 指标 Indictor | 2010 | 2011 | 2012 | 2013 | 2014 | 2015 |
|---|---|---|---|---|---|---|
| 街道数(个) Sub-districts | 6923 | 7194 | 7282 | 7564 | 7696 | 7957 |
| 社区卫生服务中心(个) Community Health Centers | 6903 | 7861 | 8182 | 8488 | 8669 | 8806 |
| 床位数(张) Beds | 137628 | 157322 | 163556 | 167998 | 171754 | 178410 |
| 人员数(人) Personnel | 282825 | 328676 | 346816 | 368636 | 381856 | 397301 |
| #卫生技术人员 Health Technical Personnel | 236966 | 276252 | 292362 | 311332 | 323053 | 335979 |
| #执业(助理)医师 Physicians and Physician Assistants | 103046 | 117608 | 124634 | 130907 | 134258 | 138516 |
| 社区卫生服务站(个) Community Health Stations | 25836 | 24999 | 25380 | 25477 | 25569 | 25515 |
| #卫生技术人员(人) Health Technical Personnel | 94356 | 91720 | 94590 | 94886 | 94450 | 95179 |
| # 执业(助理)医师 Physicians and Physician Assistants | 41179 | 40946 | 42780 | 42931 | 42740 | 43154 |

# 农村乡镇卫生院及床位、人员数

Number of Township Health Centers, Beds and Personnel

| 指标 Indictor | 2010 | 2011 | 2012 | 2013 | 2014 | 2015 |
|---|---|---|---|---|---|---|
| 乡镇数 Towns and Townships | 33981 | 33270 | 33162 | 32929 | 32683 | 31830 |
| 机构数(个) Township Health Centers | 37836 | 37295 | 37097 | 37015 | 36902 | 36817 |
| 床位数(张) Beds | 994329 | 1026251 | 1099262 | 1136492 | 1167245 | 1196122 |
| 人员数(人) Personnel | 1151349 | 1165996 | 1204996 | 1233858 | 1247299 | 1277697 |
| #卫生技术人员 Health Technical Personnel | 973059 | 981227 | 1017096 | 1043441 | 1053348 | 1078532 |
| #执业(助理)医师 Physicians and Physician Assistants | 422648 | 408587 | 423350 | 434025 | 432831 | 440889 |
| 注册护士 Registered Nurses | 217693 | 230339 | 247355 | 270210 | 281864 | 298881 |
| 平均每院床位数 Beds per Center | 26.3 | 27.5 | 29.7 | 30.7 | 31.6 | 32.5 |
| 平均每院人员数 Personnel per Center | 30.4 | 31.3 | 32.6 | 33.3 | 33.8 | 34.7 |
| #卫生技术人员 Health Technical Personnel | 25.7 | 26.3 | 27.5 | 28.2 | 28.5 | 29.3 |
| #执业(助理)医师 Physicians and Physician Assistants | 11.2 | 11.0 | 11.4 | 11.7 | 11.7 | 12.0 |
| 注册护士 Registered Nurses | 5.8 | 6.2 | 6.7 | 7.3 | 7.6 | 8.1 |
| 每千农业人口乡镇卫生院床位数 Beds per 1000 Rural Population | 1.12 | 1.16 | 1.25 | 1.30 | 1.33 | 1.38 |
| 每千农业人口乡镇卫生院人员数 Personnel per 1000 Rural Population | 1.30 | 1.32 | 1.37 | 1.41 | 1.43 | 1.47 |

注：2015年农业人口数系推算数。以下2表同。

# 各地区农村乡镇卫生院及床位、人员数（2015年）

## Number of Township Health Centers, Beds and Personnel by Region (2015)

| 地区 | Region | 机构数(个) Centers | 床位数(张) Beds | 人员数(人) Personnel | 每千农业人口 Per 1000 Rural Population | | 乡镇数(个) Towns & Townships |
|---|---|---|---|---|---|---|---|
| | | | | | 床位 Beds | 人员 Personnel | |
| **总　计** | Total | **36817** | **1196122** | **1277697** | **1.37** | **1.46** | **31830** |
| 东　部 | Eastern | 9342 | 359537 | 449903 | 1.35 | 1.69 | 8432 |
| 中　部 | Central | 11474 | 424962 | 428595 | 1.29 | 1.30 | 9617 |
| 西　部 | Western | 16001 | 411623 | 399199 | 1.49 | 1.44 | 13781 |
| 北　京 | Beijing | | | | | | 181 |
| 天　津 | Tianjin | 144 | 4133 | 5003 | 1.12 | 1.35 | 127 |
| 河　北 | Hebei | 1960 | 64973 | 55819 | 1.27 | 1.09 | 1957 |
| 山　西 | Shanxi | 1249 | 29162 | 23564 | 1.25 | 1.01 | 1196 |
| 内蒙古 | Inner Mongolia | 1320 | 19486 | 20701 | 1.35 | 1.43 | 771 |
| 辽　宁 | Liaoning | 1008 | 29568 | 24773 | 1.46 | 1.23 | 861 |
| 吉　林 | Jilin | 775 | 17504 | 24160 | 1.26 | 1.74 | 611 |
| 黑龙江 | Heilongjiang | 990 | 22151 | 23524 | 1.16 | 1.24 | 886 |
| 上　海 | Shanghai | | | | | | 109 |
| 江　苏 | Jiangsu | 1033 | 56396 | 74704 | 1.88 | 2.49 | 839 |
| 浙　江 | Zhejiang | 1194 | 15666 | 50111 | 0.48 | 1.53 | 906 |
| 安　徽 | Anhui | 1382 | 50973 | 48790 | 0.95 | 0.91 | 1249 |
| 福　建 | Fujian | 880 | 30278 | 33857 | 1.25 | 1.40 | 927 |

## 续表 Continued

| 地区 | Region | 机构数（个）Centers | 床位数（张）Beds | 人员数（人）Personnel | 每千农业人口 Per 1000 Rural Population | | 乡镇数（个）Towns & Townships |
|---|---|---|---|---|---|---|---|
| | | | | | 床位 Beds | 人员 Personnel | |
| 江 西 | Jiangxi | 1585 | 45861 | 45388 | 1.27 | 1.25 | 1402 |
| 山 东 | Shandong | 1630 | 98577 | 112076 | 1.85 | 2.10 | 1190 |
| 河 南 | Henan | 2057 | 97821 | 103709 | 1.13 | 1.20 | 1808 |
| 湖 北 | Hubei | 1140 | 68933 | 76848 | 1.67 | 1.86 | 929 |
| 湖 南 | Hunan | 2296 | 92557 | 82612 | 1.65 | 1.47 | 1536 |
| 广 东 | Guangdong | 1196 | 54450 | 83179 | 1.34 | 2.04 | 1139 |
| 广 西 | Guangxi | 1267 | 59406 | 68517 | 1.34 | 1.54 | 1123 |
| 海 南 | Hainan | 297 | 5496 | 10381 | 0.95 | 1.80 | 196 |
| 重 庆 | Chongqing | 924 | 39323 | 32171 | 2.07 | 1.70 | 812 |
| 四 川 | Sichuan | 4509 | 119088 | 100033 | 1.86 | 1.56 | 4303 |
| 贵 州 | Guizhou | 1419 | 38434 | 38975 | 1.05 | 1.07 | 1197 |
| 云 南 | Yunnan | 1372 | 44398 | 35572 | 1.40 | 1.12 | 1226 |
| 西 藏 | Tibet | 680 | 3329 | 3861 | 1.21 | 1.40 | 684 |
| 陕 西 | Shaanxi | 1589 | 31559 | 38649 | 1.34 | 1.63 | 1012 |
| 甘 肃 | Gansu | 1371 | 24010 | 27927 | 1.22 | 1.42 | 1228 |
| 青 海 | Qinghai | 404 | 4216 | 4824 | 1.36 | 1.56 | 365 |
| 宁 夏 | Ningxia | 219 | 2823 | 4503 | 0.70 | 1.11 | 192 |
| 新 疆 | Xinjiang | 927 | 25551 | 23466 | 1.89 | 1.74 | 868 |

# 村卫生室及人员数

Number of Village Clinics and Personnel

| 指标 Indictor | 2010 | 2011 | 2012 | 2013 | 2014 | 2015 |
|---|---|---|---|---|---|---|
| 行政村数(个) Villages | 594658 | 589874 | 588475 | 589447 | 585451 | 580575 |
| #设卫生室的村数 Villages with Clinic | 548757 | 551141 | 548789 | 548178 | 547727 | 541458 |
| 占行政村% As % of Villages | 92.3 | 93.4 | 93.3 | 93.0 | 92.9 | 93.3 |
| 村卫生室数(个) Village Clinics | 648424 | 662894 | 653419 | 648619 | 645470 | 640536 |
| 村办 Set-up by Villages | 365153 | 372661 | 370099 | 371579 | 349428 | 353196 |
| 乡卫生院设点 Branch of THC | 49678 | 56128 | 58317 | 59896 | 59396 | 60231 |
| 联营 Joint | 32650 | 33639 | 32278 | 32690 | 29180 | 29208 |
| 私人办 Private | 177080 | 175747 | 167025 | 158811 | 160549 | 153353 |
| 其他 Others | 23863 | 24719 | 25700 | 25643 | 46917 | 44548 |
| 人员总数(人) Personnel | 1292410 | 1350222 | 1371592 | 1457276 | 1460389 | 1447712 |
| 执业(助理)医师 Physicians & Physician Assistants | 173275 | 193277 | 232826 | 291291 | 304343 | 309923 |
| 注册护士 Registered Nurses | 27272 | 30502 | 44347 | 84922 | 97864 | 106264 |
| 乡村医生 Village Doctors | 1031828 | 1060548 | 1022869 | 1004502 | 985692 | 962514 |
| 卫生员 Health Workers | 60035 | 65895 | 71550 | 76561 | 72490 | 69011 |
| 平均每村卫生室人员 Personnel per Village | 2.17 | 2.29 | 2.33 | 2.47 | 2.49 | 2.26 |
| 每千农业人口村卫生室人员数 Personnel per 1000 Rural Population | 1.46 | 1.53 | 1.56 | 1.66 | 1.67 | 1.66 |

注：本表执业(助理)医师和注册护士数包括乡镇卫生院设点数字。

Note: Physicians and assistant physicians and registered nurses in the table include the figure of branches of twonship health centers.

## 各地区村卫生室及人员数 （2015年）

Number of Village Clinics and Personnel by Region (2015)

| 地区 | Region | 村委会(个) Villages | 村卫生室(个) Village Clinics | 设卫生室的村占总村数% Proportion of Villages with Clinic | 村卫生室人员数 Village Personnel | 乡村医生数 Village Doctors | 平均每村卫生室人员数 Personnel per Village |
|---|---|---|---|---|---|---|---|
| **总计** | **Total** | **580575** | **640536** | **93.3** | **1447712** | **962514** | **2.26** |
| 东部 | Eastern | 222297 | 216647 | 82.5 | 504081 | 330391 | 2.33 |
| 中部 | Central | 190608 | 222299 | 99.8 | 545101 | 352135 | 2.45 |
| 西部 | Western | 167670 | 201590 | 100.0 | 398530 | 279988 | 1.98 |
| 北京 | Beijing | 3936 | 2768 | 70.3 | 4820 | 3405 | 1.74 |
| 天津 | Tianjin | 3686 | 2437 | 66.1 | 7000 | 4955 | 2.87 |
| 河北 | Hebei | 48693 | 60492 | 100.0 | 115578 | 77740 | 1.91 |
| 山西 | Shanxi | 28087 | 28099 | 100.0 | 51541 | 35900 | 1.83 |
| 内蒙古 | Inner Mongolia | 11110 | 13645 | 100.0 | 26970 | 17146 | 1.98 |
| 辽宁 | Liaoning | 11569 | 19774 | 100.0 | 32516 | 24229 | 1.64 |
| 吉林 | Jilin | 9327 | 10229 | 100.0 | 23909 | 16796 | 2.34 |
| 黑龙江 | Heilongjiang | 9077 | 11444 | 100.0 | 32618 | 22688 | 2.85 |
| 上海 | Shanghai | 1593 | 1271 | 79.8 | 5132 | 721 | 4.04 |
| 江苏 | Jiangsu | 14486 | 15391 | 100.0 | 67069 | 33008 | 4.36 |
| 浙江 | Zhejiang | 27901 | 11868 | 42.5 | 24927 | 7761 | 2.10 |
| 安徽 | Anhui | 14688 | 15295 | 100.0 | 68578 | 42955 | 4.48 |
| 福建 | Fujian | 14429 | 19008 | 100.0 | 36041 | 26133 | 1.90 |

**续表 Continued**

| 地区 | Region | 村委会(个) Villages | 村卫生室(个) Village Clinics | 设卫生室的村占总村数% Proportion of Villages with Clinic | 村卫生室人员数 Village Personnel | 乡村医生数 Village Doctors | 平均每村卫生室人员数 Personnel per Village |
|---|---|---|---|---|---|---|---|
| 江西 | Jiangxi | 16947 | 30697 | 100.0 | 62466 | 44538 | 2.03 |
| 山东 | Shandong | 73811 | 53780 | 72.9 | 160254 | 124632 | 2.98 |
| 河南 | Henan | 46925 | 56918 | 100.0 | 165847 | 106385 | 2.91 |
| 湖北 | Hubei | 25109 | 24795 | 98.7 | 65359 | 38969 | 2.64 |
| 湖南 | Hunan | 40448 | 44822 | 100.0 | 74783 | 43904 | 1.67 |
| 广东 | Guangdong | 19632 | 27177 | 100.0 | 43921 | 25148 | 1.62 |
| 广西 | Guangxi | 14273 | 21417 | 100.0 | 41558 | 32893 | 1.94 |
| 海南 | Hainan | 2561 | 2681 | 100.0 | 6823 | 2659 | 2.54 |
| 重庆 | Chongqing | 8220 | 11280 | 100.0 | 31130 | 21115 | 2.76 |
| 四川 | Sichuan | 46240 | 55869 | 100.0 | 90382 | 66782 | 1.62 |
| 贵州 | Guizhou | 16612 | 20831 | 100.0 | 42549 | 26735 | 2.04 |
| 云南 | Yunnan | 12024 | 13351 | 100.0 | 42150 | 33524 | 3.16 |
| 西藏 | Tibet | 5257 | 5353 | 100.0 | 11866 | 9127 | 2.22 |
| 陕西 | Shaanxi | 22743 | 25717 | 100.0 | 42462 | 31725 | 1.65 |
| 甘肃 | Gansu | 16032 | 16744 | 100.0 | 32060 | 18604 | 1.91 |
| 青海 | Qinghai | 4143 | 4491 | 100.0 | 9953 | 6100 | 2.22 |
| 宁夏 | Ningxia | 2272 | 2453 | 100.0 | 5196 | 3123 | 2.12 |
| 新疆 | Xinjiang | 8744 | 10439 | 100.0 | 22254 | 13114 | 2.13 |

## 中医药人员数

Number of Health Personnel of TCM

| | 2010 | 2011 | 2012 | 2013 | 2014 | 2015 |
|---|---|---|---|---|---|---|
| **中医药人员总数(万人)** Total Health Personnel of TCM(10000) | **40.4** | **42.0** | **48.8** | **52.3** | **54.5** | **58.0** |
| 中医类别执业(助理)医师 TCM Physicians (Assistants) | 29.4 | 30.9 | 36.8 | 39.8 | 41.9 | 45.2 |
| 见习中医师 Practice TCM Physicians (Assistants) | 1.3 | 1.1 | 1.2 | 1.4 | 1.5 | 1.4 |
| 中药师(士) TCM Pharmacists | 9.7 | 10.0 | 10.8 | 11.0 | 11.2 | 11.4 |
| **占同类人员总数的%** As % of the Same Type of Personnel | | | | | | |
| 中医类别执业(助理)医师 TCM Physicians (Assistants) | 12.2 | 12.5 | 14.1 | 14.3 | 14.5 | 14.9 |
| 见习中医师 Practice TCM Physicians (Assistants) | 9.9 | 6.2 | 6.7 | 6.9 | 6.7 | 6.4 |
| 中药师(士) TCM Pharmacists | 27.4 | 27.5 | 28.5 | 27.9 | 27.3 | 26.9 |

# 专业公共卫生机构人员数（2015年）

## Number of Personnel in Specialized Public Health Institutions (2015)

| 机构名称<br>Institution | 卫生人员<br>Health Personnel | 卫生技术人员<br>Health Technical Personnel | 执业(助理)医师<br>Physicians & Physician Assistants | 注册护士<br>Registered Nurses |
|---|---|---|---|---|
| **总计 Total** | **876848** | **639189** | **230880** | **178255** |
| 疾病预防控制中心<br>CDC | 190930 | 141698 | 70709 | 13798 |
| 专科疾病防治机构<br>Specialized Disease Prevention & Treatment | 50496 | 38672 | 16188 | 11988 |
| 健康教育机构<br>Health Education Institutions | 2140 | 968 | 481 | 130 |
| 妇幼保健机构<br>MCH Centers | 351257 | 291361 | 105832 | 124414 |
| 急救中心(站)<br>Emergency Centers (First-Aid Stations) | 14969 | 7759 | 3398 | 3276 |
| 采供血机构<br>Institutions for Blood Gathering & Supplying | 32966 | 23498 | 3571 | 11105 |
| 卫生监督机构<br>Health Inspection Institutions | 80710 | 67942 | — | — |
| 计划生育技术服务机构<br>Institutions for Family Planning Service | 153380 | 67291 | 30701 | 13544 |

注：2014年、2015年每万人口公共卫生人员分别为6.41人、6.39人。

Note: Public health worker per 10000 population in 2014 and 2015 are 6.41& 6.39.

## 疾病预防控制中心及人员数

Number of Centers for Disease Control & Prevention and Personnel

| | 机构数(个) CDC | 人员数(人) Personnel | 卫生技术人员(人) Health Technical Personnel | 执业(助理)医师(人) Physicians and Physician Assistants |
|---|---|---|---|---|
| 2010 | 3513 | 195467 | 147347 | 78608 |
| 2011 | 3484 | 194593 | 145198 | 74239 |
| 2012 | 3490 | 193196 | 141261 | 72342 |
| 2013 | 3516 | 194371 | 143101 | 72675 |
| 2014 | 3490 | 192397 | 142297 | 71450 |
| 2015 | 3478 | 190930 | 141698 | 70709 |
| 省属 Provincial CDC | 31 | 10848 | 7579 | 3868 |
| 地级市属 CDC of Prefecture Cities | 409 | 42592 | 31924 | 16863 |
| 县级市属 CDC of County-Level Cities | 1186 | 57686 | 42800 | 21425 |
| 县属 County CDC | 1617 | 72801 | 54159 | 26251 |
| 其他 Others | 235 | 7003 | 5236 | 2302 |

# 妇幼保健机构及床位、人员数

## Number of MCH Institutions, Beds and Personnel

| 指标 Indictor | 2010 | 2011 | 2012 | 2013 | 2014 | 2015 |
|---|---|---|---|---|---|---|
| **儿童医院数(个)** Children's Hospitals | **72** | **79** | **89** | **96** | **99** | **114** |
| 床位数(张) Beds | 24582 | 25690 | 28273 | 30961 | 33819 | 37479 |
| 人员数(人) Personnel | 37412 | 40808 | 45329 | 51651 | 55105 | 60573 |
| #卫生技术人员 Health Technical Personnel | 30757 | 33847 | 37786 | 43333 | 46330 | 51116 |
| #执业(助理)医师 Physicians and Physician Assistants | 10037 | 10631 | 11525 | 12905 | 14044 | 15660 |
| 注册护士 Registered Nurses | 15095 | 16657 | 19059 | 22018 | 23362 | 25798 |
| **妇产医院数(个)** Gyn. & Obs. Hospitals | **398** | **442** | **495** | **558** | **622** | **703** |
| 床位数(张) Beds | 26453 | 29545 | 32902 | 37693 | 43707 | 50698 |
| 人员数(人) Personnel | 46045 | 49403 | 54989 | 61808 | 70788 | 84046 |
| #卫生技术人员 Health Technical Personnel | 34728 | 37398 | 41522 | 46320 | 53180 | 62474 |
| #执业(助理)医师 Physicians and Physician Assistants | 11704 | 12351 | 13810 | 15174 | 17256 | 20363 |
| 注册护士 Registered Nurses | 15800 | 17351 | 19722 | 22280 | 26074 | 31350 |
| **妇幼保健机构数(个)** MCH Centers | **3025** | **3036** | **3044** | **3144** | **3098** | **3078** |
| 床位数(张) Beds | 134364 | 145866 | 161560 | 175476 | 184815 | 195352 |
| 人员数(人) Personnel | 245102 | 261861 | 285180 | 308199 | 326732 | 351257 |
| #卫生技术人员 Health Technical Personnel | 202365 | 216149 | 235741 | 254911 | 270674 | 291361 |
| #执业(助理)医师 Physicians and Physician Assistants | 85932 | 87069 | 91335 | 96553 | 98748 | 105832 |
| 注册护士 Registered Nurses | 73195 | 82131 | 94065 | 104225 | 114212 | 124414 |

# 医学专业招生及在校学生数

Number of Medical Entrants and Enrolments

| 年份 Year | 招生数 Entrants | | 在校学生数 Enrolments | |
|---|---|---|---|---|
| | 普通高等学校 Regular Institutions of Higher Education | 中等职业学校 Secondary Vocational Schools | 普通高等学校 Regular Institutions of Higher Education | 中等职业学校 Secondary Vocational Schools |
| 2010 | 533618 | 582799 | 1864655 | 1683865 |
| 2011 | 593030 | 530467 | 2001756 | 1650724 |
| 2012 | 591683 | 513420 | 2120880 | 1539531 |
| 2013 | 630203 | 519612 | 2256404 | 1470917 |
| 2014 | 680128 | 488066 | 2419365 | 1465838 |
| 2015 | 711562 | 468240 | 2562172 | 1401127 |

注：普通高等学校招生和在校生数包括研究生、本科生及大专生，不含成人本专科生；中等职业学校包括普通中专和成人中专，不含职高和技校学生，下表同。

资料来源: 中国教育统计年鉴。Source: Chinese Education Statistical Yearbook.

# 医学专业毕业人数

Number of Medical Graduates

| 年份 Year | 普通高等学校 Regular Institutions of Higher Education | 中等职业学校 Secondary Vocational Schools |
|---|---|---|
| 2010 | 483611 | 435870 |
| 2011 | 498184 | 504644 |
| 2012 | 513376 | 534092 |
| 2013 | 559000 | 500063 |
| 2014 | 588724 | 452132 |
| 2015 | 629135 | 460809 |

资料来源: 中国教育统计年鉴。Source: Chinese Education Statistical Yearbook.

# 附录1:香港和澳门特别行政区与台湾省卫生状况

Appendix I: Health Status of Hong Kong, Macao Special Administrative Region and Taiwan Province

# 香港、澳门特别行政区和台湾省居民健康状况

Health Status of Hong Kong, Macao
Special Administrative Region and Taiwan Province

| | 人口数(万人) Total Population (10000) | 出生率 Birth Rate (‰) | 死亡率 Death Rate (‰) | 婴儿死亡率 Infant Mortality Rate(‰) | 期望寿命(岁) Life Expectancy at Birth (Year) | |
|---|---|---|---|---|---|---|
| | | | | | 男性 Male | 女性 Female |
| 香港 Hong Kong | | | | | | |
| 2010 | 702 | 12.6 | 6.0 | 1.7 | 80.1 | 86.0 |
| 2011 | 707 | 13.5 | 6.0 | 1.3 | 80.3 | 86.7 |
| 2012 | 716 | 12.8 | 6.0 | 1.4 | 80.6 | 86.3 |
| 2013 | 719 | 7.9 | 5.9 | 1.6 | 80.9 | 86.6 |
| 2014 | 724 | 8.6 | 6.2 | 1.6 | 81.2 | 86.7 |
| 澳门 Macao | | | | | | |
| 2010 | 54 | 9.5 | 3.3 | 2.9 | 79.2 | 85.3 |
| 2011 | 55 | 10.6 | 3.4 | 2.9 | 79.1 | 85.5 |
| 2012 | 57 | 12.9 | 3.2 | 2.5 | 79.1 | 85.7 |
| 2013 | 59 | 11.1 | 3.2 | 2.0 | 78.9 | 85.6 |
| 2014 | 62 | 11.8 | 3.1 | 2.0 | 79.6 | 86.0 |
| 台湾 Taiwan | | | | | | |
| 2010 | 2316 | 7.2 | 6.3 | | 76.1 | 82.6 |
| 2011 | 2323 | 8.5 | 6.6 | | 76.0 | 82.6 |
| 2012 | 2332 | 9.9 | 6.6 | | 76.4 | 82.8 |
| 2013 | 2337 | 8.5 | 6.7 | | 76.7 | 83.3 |
| 2014 | 2343 | 9.0 | 7.0 | | | |

资料来源：《中国统计年鉴》。Source: China Statistical Yearbook.

# 香港特别行政区医疗卫生条件

Health Resources of Hong Kong Special Administrative Region

| 指标 Indicator | 2010 | 2011 | 2012 | 2013 | 2014 |
|---|---|---|---|---|---|
| 医师数(人)<br>Physicians | 12620 | 12818 | 13006 | 13203 | 13417 |
| 注册中医(人)<br>Registered Chinese Medicine Practitioners | 6241 | 6414 | 6565 | 6743 | 6898 |
| 牙科医师(人)<br>Dentists | 2179 | 2215 | 2258 | 2310 | 2343 |
| 护士数(人)<br>Nurses | 40011 | 41310 | 43698 | 45846 | 48047 |
| 每千人口医师数(人)<br>Physicians per 1000 Population | 1.8 | 1.8 | 1.8 | 1.8 | 1.8 |
| 医疗机构(所)<br>Health Institutions | 116 | 120 | 123 | 127 | 130 |
| 病床数(张)<br>Beds | 35522 | 36121 | 36579 | 36720 | 37322 |
| 每千人口病床数(张)<br>Beds per 1000 Population | 5.0 | 5.1 | 5.1 | 5.1 | 5.1 |

资料来源：《中国统计年鉴》。Source: China Statistical Yearbook.

# 澳门特别行政区医疗卫生条件

Health Resources of Macao Special Administrative Region

| 指标 Indicator | 2010 | 2011 | 2012 | 2013 | 2014 |
|---|---|---|---|---|---|
| 医师数(人)<br>Physicians | 1330 | 1438 | 1482 | 1514 | 1592 |
| 护士数(人)<br>Nurses | 1536 | 1606 | 1751 | 1854 | 1990 |
| 每千人口医师数(人)<br>Physicians per 1000 Population | 2.5 | 2.6 | 2.5 | 2.5 | 2.5 |
| 医院数(所)<br>Hospitals | 4 | 4 | 4 | 4 | 5 |
| 病床数(张)<br>Beds | 1173 | 1222 | 1354 | 1366 | 1421 |
| 每千人口病床数(张)<br>Beds per 1000 Population | 2.2 | 2.2 | 2.3 | 2.2 | 2.2 |

资料来源：《中国统计年鉴》。Source: China Statistical Yearbook.

# 台湾省医疗卫生条件

## Health Resources of Taiwan Province

| 指标 Indicator | 2010 | 2011 | 2012 | 2013 |
|---|---|---|---|---|
| 从业医务人员(人)<br>Health Personnel | 241156 | 250258 | 258283 | 265759 |
| 每千人口医务人员(人)<br>Health Personnel per 1000 Population | 10.4 | 10.8 | 11.1 | 11.4 |
| 医疗机构(所)<br>Health Institutions | 20691 | 21135 | 21437 | 21713 |
| 病床数(张)<br>Beds | 158922 | 160472 | 160900 | 159422 |
| 每千人口病床数(张)<br>Beds per 1000 Population | 6.86 | 6.91 | 6.90 | 6.82 |

资料来源：《中国统计年鉴》。Source: China Statistical Yearbook.

# 附录2: 主要国家卫生状况

Appendix II: Health Status of Main Countries

# 人口状况

## Population Status

| 国家<br>Country | 人口数<br>Population<br>(1000)<br>2013 | 人口年增长率<br>Annual Increase Rate (%)<br>2013 | 城镇人口所占%<br>Urban Population as % of Total<br>2013 | 期望寿命(岁)<br>Life Expectancy at Birth (Year)<br>2013 | |
|---|---|---|---|---|---|
| | | | | Male | Female |
| 中国China | 1393337 | 2.7 | 53 | 74 | 77 |
| 印度India | 1252140 | 1.2 | 32 | 65 | 68 |
| 俄罗斯Russian | 142834 | 0 | 74 | 63 | 75 |
| 巴西Brazil | 200362 | 0.9 | 85 | 72 | 79 |
| 南非South Africa | 52776 | 4.1 | 64 | 57 | 64 |
| 澳大利亚Australia | 23343 | 1.3 | 89 | 80 | 85 |
| 加拿大Canada | 35182 | 1 | 82 | 80 | 84 |
| 埃及Egypt | 82056 | 3.2 | 43 | 69 | 74 |
| 法国France | 64291 | 2.4 | 79 | 79 | 85 |
| 德国Germany | 82727 | 2.5 | 75 | 79 | 83 |
| 意大利Italy | 60990 | 1.2 | 69 | 80 | 85 |
| 日本Japan | 127144 | 0.5 | 93 | 80 | 87 |
| 墨西哥Mexico | 122332 | 2.8 | 79 | 73 | 78 |
| 尼日利亚Nigeria | 173615 | 1.9 | 46 | 54 | 55 |
| 波兰Poland | 38217 | 1.7 | 61 | 73 | 81 |
| 泰国Thailand | 67010 | 0.3 | 48 | 71 | 79 |
| 土耳其Turkey | 74933 | 1.3 | 72 | 72 | 79 |
| 英国 UK | 63136 | 0.8 | 82 | 79 | 83 |
| 美国 USA | 320051 | 0 | 81 | 76 | 81 |

资料来源: 全球卫生观察站数据库，以下4表同。

Source: Global Health Observatory Data Repository. The same for the following 4 tables.

# 妇幼卫生状况

## Maternal and Child Health Status

| 国家<br>Country | 婴儿死亡率(‰)<br>Infant Mortality Rate (per 1000 Live Births) 2015 | 5岁以下儿童死亡率(‰)<br>Under-five Mortality Rate (per 1000 Live Births) 2015 | 孕产妇死亡率(1/10万)<br>Maternal Mortality Ratio (per 100000 Live Births) 2015 | 1岁儿童疫苗接种率<br>Immunization Coverage Among 1-year-olds 2014 | | |
|---|---|---|---|---|---|---|
| | | | | 麻苗<br>Measles | 百白破<br>DTP3 | 乙肝<br>HepB3 |
| 中国China | 9.2 | 10.7 | 27 | 99 | 99 | 99 |
| 印度India | 37.9 | 47.7 | 174 | 83 | 83 | 70 |
| 俄罗斯Russian | 8.2 | 9.6 | 25 | 98 | 97 | 97 |
| 巴西Brazil | 14.6 | 16.4 | 44 | 97 | 93 | 96 |
| 南非South Africa | 33.6 | 40.5 | 140 | 70 | 70 | 74 |
| 澳大利亚Australia | 3.0 | 3.8 | 6 | 93 | 91 | 91 |
| 加拿大Canada | 4.3 | 4.9 | 7 | 95 | 96 | 75 |
| 埃及Egypt | 20.3 | 24.0 | 33 | 93 | 94 | 94 |
| 法国France | 3.5 | 4.3 | 8 | 90 | 99 | 82 |
| 德国Germany | 3.1 | 3.7 | 6 | 97 | 96 | 87 |
| 意大利Italy | 2.9 | 3.5 | 4 | 86 | 94 | 94 |
| 日本Japan | 2.0 | 2.7 | 5 | 98 | 98 | … |
| 墨西哥Mexico | 11.3 | 13.2 | 38 | 97 | 87 | 84 |
| 尼日利亚Nigeria | 69.4 | 108.8 | 814 | 51 | 66 | 66 |
| 波兰Poland | 4.5 | 5.2 | 3 | 98 | 99 | 96 |
| 泰国Thailand | 10.5 | 12.3 | 20 | 99 | 99 | 99 |
| 土耳其Turkey | 11.6 | 13.5 | 16 | 94 | 96 | 96 |
| 英国 UK | 3.5 | 4.2 | 9 | 93 | 95 | … |
| 美国 USA | 5.6 | 6.5 | 14 | 91 | 94 | 90 |

# 卫生设施
Health Facilities

| 国家 Country | 农村安全饮用水普及率 Coverage of Improved Drinking Water Source in Rural Area (%) 2015 | 农村卫生厕所普及率 Coverage of Improved Sanitary Toilets in Rural Area (%) 2015 | 每万人口 per 10000 Population 2007~2013 | | |
|---|---|---|---|---|---|
| | | | 医师数 Physicians | 护士数 Nurses | 病床数 Beds |
| 中国China | 95.5 | 76.5 | 14.9 | 16.6 | 38 |
| 印度India | 94.1 | 39.6 | 7.0 | 17.1 | 7 |
| 俄罗斯Russian | 96.9 | 72.2 | … | … | 97 |
| 巴西Brazil | 98.1 | 82.8 | 18.9 | 76.0 | 23 |
| 南非South Africa | 93.2 | 66.4 | 7.8 | 51.1 | … |
| 澳大利亚Australia | 100.0 | 100.0 | 32.7 | 106.5 | 39 |
| 加拿大Canada | 99.8 | 99.8 | 20.7 | 92.9 | 27 |
| 埃及Egypt | 99.4 | 94.7 | 28.3 | 35.2 | 5 |
| 法国France | 100.0 | 98.7 | 31.9 | 93.0 | 64 |
| 德国Germany | 100.0 | 99.2 | 38.9 | 114.9 | 82 |
| 意大利Italy | 100.0 | 99.5 | 37.6 | … | 34 |
| 日本Japan | 100.0 | 100.0 | 23.0 | 114.9 | 137 |
| 墨西哥Mexico | 96.1 | 85.2 | 21.0 | 25.3 | 15 |
| 尼日利亚Nigeria | 68.5 | 29.0 | 4.1 | 16.1 | … |
| 波兰Poland | 98.3 | 97.2 | 22.2 | 61.6 | 65 |
| 泰国Thailand | 97.8 | 93.0 | 3.9 | 20.8 | 21 |
| 土耳其Turkey | 100.0 | 94.9 | 17.1 | 24.0 | 25 |
| 英国 UK | 100.0 | 99.2 | 28.1 | 88.0 | 29 |
| 美国 USA | 99.2 | 100.0 | 24.5 | … | 29 |

# 卫生费用

Health Expenditure

| 国家 Country | 卫生总费用占GDP% Total Health Expenditure as % of GDP 2013 | 卫生总费用构成(%) % of Total Health Expenditure 2013 | | 政府卫生支出占财政支出% Government Health Expenditure as % of Government Expenditure 2013 | 人均卫生费用(美元) Per Capita Total Health Expenditure (US$) 2013 |
|---|---|---|---|---|---|
| | | 政府卫生支出 Government Health Expenditure | 个人卫生支出 Private Health Expenditure | | |
| 中国China | 5.6 | 55.8 | 44.2 | 12.6 | 367 |
| 印度India | 4.0 | 32.2 | 67.8 | 4.5 | 61 |
| 俄罗斯Russian | 6.5 | 48.1 | 51.9 | 8.4 | 957 |
| 巴西Brazil | 9.7 | 48.2 | 51.8 | 6.9 | 1085 |
| 南非South Africa | 8.9 | 48.4 | 51.6 | 14.0 | 593 |
| 澳大利亚Australia | 9.4 | 66.6 | 33.4 | 18.7 | 6110 |
| 加拿大Canada | 10.9 | 69.8 | 30.2 | 18.5 | 5718 |
| 埃及Egypt | 5.1 | 40.7 | 59.3 | 5.5 | 151 |
| 法国France | 11.7 | 77.5 | 22.5 | 15.8 | 4864 |
| 德国Germany | 11.3 | 76.8 | 23.2 | 19.4 | 5006 |
| 意大利Italy | 9.1 | 78.0 | 22.0 | 14.0 | 3155 |
| 日本Japan | 10.3 | 82.1 | 17.9 | 20.0 | 3966 |
| 墨西哥Mexico | 6.2 | 51.7 | 48.3 | 15.4 | 664 |
| 尼日利亚Nigeria | 3.7 | 23.9 | 76.1 | 6.5 | 109 |
| 波兰Poland | 6.7 | 69.6 | 30.4 | 11.1 | 895 |
| 泰国Thailand | 4.6 | 80.1 | 19.9 | 17.0 | 264 |
| 土耳其Turkey | 5.6 | 77.4 | 22.6 | 10.7 | 608 |
| 英国 UK | 9.1 | 83.5 | 16.5 | 16.2 | 3598 |
| 美国 USA | 17.1 | 47.1 | 52.9 | 20.7 | 9146 |

# 附录3: 我国主要人口与社会经济指标

Appendix III: Main Indicators of Population, Society and Economy of China

# 全国行政区划（2015年底）

## Division of Administrative Areas in China (End of 2015)

| 地 区 Region | 地级数 Number of Regions at Prefecture Level | 地级市 Cities at Prefecture Level | 县级数 Regions at County Level | 县级市 Cities at County Level | 市辖区 Districts under the Jurisdiction of Cities | 县 Counties |
|---|---|---|---|---|---|---|
| **总 计 Total** | **334** | **291** | **2851** | **360** | **921** | **1399** |
| 北 京 Beijing | — | — | — | — | 16 | — |
| 天 津 Tianjin | — | — | 16 | — | 15 | 1 |
| 河 北 Hebei | 11 | 11 | 170 | 20 | 42 | 102 |
| 山 西 Shanxi | 11 | 11 | 119 | 11 | 23 | 85 |
| 内蒙古 Inner Mongolia | 12 | 9 | 102 | 11 | 22 | 17 |
| 辽 宁 Liaoning | 14 | 14 | 100 | 16 | 57 | 19 |
| 吉 林 Jilin | 9 | 8 | 60 | 20 | 21 | 16 |
| 黑龙江 Heilongjiang | 13 | 12 | 128 | 18 | 65 | 44 |
| 上 海 Shanghai | — | — | 16 | — | 15 | 1 |
| 江 苏 Jiangsu | 13 | 13 | 97 | 21 | 55 | 21 |
| 浙 江 Zhejiang | 11 | 11 | 90 | 19 | 36 | 34 |
| 安 徽 Anhui | 16 | 16 | 105 | 6 | 44 | 55 |
| 福 建 Fujian | 9 | 9 | 85 | 13 | 28 | 44 |
| 江 西 Jiangxi | 11 | 11 | 100 | 10 | 22 | 68 |
| 山 东 Shandong | 17 | 17 | 137 | 28 | 51 | 58 |

注：①本表数字来源于民政部；②县包括自治县(旗)、特区和林区。

Note:①Data in this table are from the Ministry of Civil Affairs; ②Counties include autonomous counties(banners),special administrative region and forest district.

续表 Continued

| 地　区 Region | 地级数 Number of Regions at Prefecture Level | 地级市 Cities at Prefecture Level | 县级数 Regions at County Level | 县级市 Cities at County Level | 市辖区 Districts under the Jurisdiction of Cities | 县 Counties |
|---|---|---|---|---|---|---|
| 河　南 Henan | 17 | 17 | 158 | 21 | 50 | 87 |
| 湖　北 Hubei | 13 | 12 | 103 | 24 | 39 | 37 |
| 湖　南 Hunan | 14 | 13 | 122 | 16 | 35 | 64 |
| 广　东 Guangdong | 21 | 21 | 119 | 20 | 62 | 34 |
| 广　西 Guangxi | 14 | 14 | 110 | 8 | 37 | 53 |
| 海　南 Hainan | 4 | 4 | 23 | 5 | 8 | 4 |
| 重　庆 Chongqing | 0 | 0 | 38 | 0 | 23 | 11 |
| 四　川 Sichuan | 21 | 18 | 183 | 16 | 50 | 113 |
| 贵　州 Guizhou | 9 | 6 | 88 | 7 | 14 | 55 |
| 云　南 Yunnan | 16 | 8 | 129 | 13 | 15 | 72 |
| 西　藏 Tibet | 7 | 4 | 74 | 0 | 4 | 70 |
| 陕　西 Shaanxi | 10 | 10 | 107 | 3 | 28 | 76 |
| 甘　肃 Gansu | 14 | 12 | 86 | 4 | 17 | 58 |
| 青　海 Qinghai | 8 | 2 | 43 | 3 | 6 | 27 |
| 宁　夏 Ningxia | 5 | 5 | 22 | 2 | 9 | 11 |
| 新　疆 Xinjiang | 14 | 3 | 105 | 25 | 12 | 62 |

# 全国人口数

Population of China

| 指标 Indicator | 2010 | 2011 | 2012 | 2013 | 2014 | 2015 |
|---|---|---|---|---|---|---|
| 总人口(万人) Total Population (10 000) | 134091 | 134735 | 135404 | 136072 | 136782 | 137462 |
| 按性别分 By Sex | | | | | | |
| 男性 Male | 68748 | 69068 | 69395 | 69728 | 70079 | 70414 |
| 女性 Female | 65343 | 65667 | 66009 | 66344 | 66703 | 67048 |
| 按城乡分 By Urban and Rural | | | | | | |
| 城镇 Urban | 66978 | 69079 | 71182 | 73111 | 74916 | 77116 |
| 乡村 Rural | 67113 | 65656 | 64222 | 62961 | 61866 | 60346 |
| 按年龄段分* By Age Group | | | | | | |
| 0～15岁(Age) | 22259 | 22164 | 22287 | 23875 | 23957 | 24166 |
| 16～59岁(Age) | 99938 | 100283 | 100403 | 91954 | 91583 | 91096 |
| 60岁及以上(Age) | 11894 | 12288 | 12714 | 20243 | 21242 | 22200 |
| 人口构成（%） Composition of the population (%) | 100.0 | 100.0 | 100.0 | 100.0 | 100.0 | 100.0 |
| 按城乡分 By Urban and Rural | | | | | | |
| 城镇 Urban | 49.9 | 51.3 | 52.6 | 53.7 | 54.8 | 56.1 |
| 乡村 Rural | 50.1 | 48.7 | 47.4 | 46.3 | 45.2 | 43.9 |
| 按年龄段分* By Age Group | | | | | | |
| 0～15岁(Age) | 16.6 | 16.5 | 16.5 | 17.5 | 17.5 | 17.6 |
| 16～59岁(Age) | 74.5 | 74.4 | 74.1 | 67.6 | 67.0 | 66.3 |
| 60岁及以上(Age) | 8.9 | 9.1 | 9.4 | 14.9 | 15.5 | 16.1 |
| 性别比 Sex Ratio | 105.2 | 105.2 | 105.1 | 105.2 | 105.1 | 105.0 |
| 出生性别比 Sex Ratio at Birth | 117.9 | 117.8 | 117.7 | 117.6 | | |

注: ①本表摘自《中国统计年鉴》和《中国统计摘要》；②总人口包括现役军人；③*2010~2012年份年龄分组为0～14岁，15～64岁，65岁及以上。

Note: ①Data in the table are from China Statistical Yearbook and China Statistical Abstract; ②Total population include active servicemen; ③*Age groups are 0～14,15～64,≥65 during the period 2010~2012.

# 各地区人口数

Population By Region

| 地 区 Region | 总人口 Total Population (10000) | | | 按城乡分 By Residence (10000) 2014 | | 城镇人口 % Urban Population as % of Total Population 2014 | 性别比 Sex Ratio 2014 |
|---|---|---|---|---|---|---|---|
| | 2010 | 2013 | 2014 | 城镇 Urban | 乡村 Rural | | |
| **总 计 Total** | **134091** | **136072** | **136782** | **74916** | **61866** | **54.8** | **105.0** |
| 北 京 Beijing | 1962 | 2115 | 2152 | 1858 | 294 | 86.4 | 102.2 |
| 天 津 Tianjin | 1299 | 1472 | 1517 | 1248 | 269 | 82.3 | 100.3 |
| 河 北 Hebei | 7194 | 7333 | 7384 | 3642 | 3741 | 49.3 | 104.9 |
| 山 西 Shanxi | 3574 | 3630 | 3648 | 1962 | 1686 | 53.8 | 103.3 |
| 内蒙古 Inner Mongolia | 2472 | 2498 | 2505 | 1491 | 1014 | 59.5 | 103.9 |
| 辽 宁 Liaoning | 4375 | 4390 | 4391 | 2944 | 1447 | 67.1 | 102.7 |
| 吉 林 Jilin | 2747 | 2751 | 2752 | 1509 | 1244 | 54.8 | 103.7 |
| 黑龙江 Heilongjiang | 3833 | 3835 | 3833 | 2224 | 1609 | 58.0 | 100.2 |
| 上 海 Shanghai | 2303 | 2415 | 2426 | 2173 | 252 | 89.6 | 106.7 |
| 江 苏 Jiangsu | 7869 | 7939 | 7960 | 5191 | 2769 | 65.2 | 101.7 |
| 浙 江 Zhejiang | 5447 | 5498 | 5508 | 3573 | 1935 | 64.9 | 110.0 |
| 安 徽 Anhui | 5957 | 6030 | 6083 | 2990 | 3093 | 49.2 | 98.6 |
| 福 建 Fujian | 3693 | 3774 | 3806 | 2352 | 1454 | 61.8 | 108.6 |
| 江 西 Jiangxi | 4462 | 4522 | 4542 | 2281 | 2261 | 50.2 | 109.3 |
| 山 东 Shandong | 9588 | 9733 | 9789 | 5385 | 4404 | 55.0 | 102.7 |

资料来源:《中国统计年鉴》。 Source: China Statistical Yearbook.

续表 Continued

| 地　区 Region | 总人口 Total Population (10000) | | | 按城乡分 By Residence (10000) 2014 | | 城镇人口% Urban Population as % of Total Population 2014 | 性别比 Sex Ratio 2014 |
|---|---|---|---|---|---|---|---|
| | 2010 | 2013 | 2014 | 城镇 Urban | 乡村 Rural | | |
| 河　南 Henan | 9405 | 9413 | 9436 | 4265 | 5171 | 45.2 | 102.3 |
| 湖　北 Hubei | 5728 | 5799 | 5816 | 3238 | 2578 | 55.7 | 103.9 |
| 湖　南 Hunan | 6570 | 6691 | 6737 | 3320 | 3417 | 49.3 | 105.3 |
| 广　东 Guangdong | 10441 | 10644 | 10724 | 7292 | 3432 | 68.0 | 118.6 |
| 广　西 Guangxi | 4610 | 4719 | 4754 | 2187 | 2567 | 46.0 | 108.4 |
| 海　南 Hainan | 869 | 895 | 903 | 486 | 418 | 53.8 | 115.4 |
| 重　庆 Chongqing | 2885 | 2970 | 2991 | 1783 | 1209 | 59.6 | 105.9 |
| 四　川 Sichuan | 8045 | 8107 | 8140 | 3769 | 4371 | 46.3 | 98.2 |
| 贵　州 Guizhou | 3479 | 3502 | 3508 | 1404 | 2104 | 40.0 | 104.7 |
| 云　南 Yunnan | 4602 | 4687 | 4714 | 1967 | 2747 | 41.7 | 105.4 |
| 西　藏 Tibet | 301 | 312 | 318 | 82 | 236 | 25.8 | 101.1 |
| 陕　西 Shaanxi | 3735 | 3764 | 3775 | 1985 | 1791 | 52.6 | 107.1 |
| 甘　肃 Gansu | 2560 | 2582 | 2591 | 1080 | 1511 | 41.7 | 107.6 |
| 青　海 Qinghai | 563 | 578 | 583 | 290 | 293 | 49.8 | 101.1 |
| 宁　夏 Ningxia | 633 | 654 | 662 | 355 | 307 | 53.6 | 105.8 |
| 新　疆 Xinjiang | 2185 | 2264 | 2298 | 1059 | 1240 | 46.1 | 104.5 |

## 人口年龄构成(%)

### Composition of Population by Age (%)

| 年龄组 Age Group | 合计 Total | | | 男性 Male | | | 女性 Female | | |
|---|---|---|---|---|---|---|---|---|---|
| | 2010 | 2013 | 2014 | 2010 | 2013 | 2014 | 2010 | 2013 | 2014 |
| 合计 Total | 100.0 | 100.0 | 100.0 | 51.2 | 51.3 | 51.2 | 48.8 | 48.7 | 48.8 |
| 0～4 | 5.7 | 5.7 | 5.7 | 3.1 | 3.1 | 3.1 | 2.6 | 2.6 | 2.6 |
| 5～14 | 10.9 | 10.7 | 10.8 | 5.9 | 5.8 | 5.9 | 5.0 | 4.9 | 4.9 |
| 15～24 | 17.1 | 14.9 | 13.8 | 8.7 | 7.8 | 7.3 | 8.4 | 7.1 | 6.6 |
| 25～34 | 14.9 | 15.7 | 16.1 | 7.5 | 7.9 | 8.2 | 7.3 | 7.8 | 8.0 |
| 35～44 | 18.2 | 16.8 | 16.3 | 9.3 | 8.6 | 8.3 | 8.9 | 8.2 | 8.0 |
| 45～54 | 13.8 | 15.0 | 15.8 | 7.1 | 7.6 | 8.0 | 6.8 | 7.4 | 7.8 |
| 55～59 | 6.1 | 6.3 | 5.9 | 3.1 | 3.2 | 3.0 | 3.0 | 3.1 | 2.9 |
| 60～64 | 4.4 | 5.2 | 5.5 | 2.2 | 2.6 | 2.7 | 2.2 | 2.6 | 2.7 |
| 65～69 | 3.1 | 3.5 | 3.7 | 1.6 | 1.8 | 1.8 | 1.5 | 1.8 | 1.9 |
| 70～74 | 2.5 | 2.5 | 2.6 | 1.2 | 1.2 | 1.3 | 1.2 | 1.3 | 1.3 |
| 75～79 | 1.8 | 1.9 | 1.9 | 0.9 | 0.9 | 0.9 | 0.9 | 1.0 | 1.0 |
| 80～84 | 1.0 | 1.1 | 1.2 | 0.4 | 0.5 | 0.5 | 0.6 | 0.6 | 0.7 |
| 85岁及以上 | 0.6 | 0.6 | 0.7 | 0.2 | 0.3 | 0.3 | 0.4 | 0.4 | 0.4 |

资料来源:《中国统计年鉴》。 Source: China Statistical Yearbook.

# 人口文化程度

## Educational Level of the Population

| 指标 Indictor | 2000 | 2010 | 2014 |
|---|---|---|---|
| **绝对数(万人)** Total Population (10000) | | | |
| 大专及以上 Junior College and Above | 4571 | 11964 | 14683 |
| 高中和中专 Senior Secondary and Secondary Technical School | 14109 | 18799 | 21271 |
| 初中 Junior Secondary School | 42989 | 51966 | 51147 |
| 小学 Primary School | 45191 | 35876 | 33438 |
| 文盲人口 Illiterate | 8507 | 5466 | 5622 |
| **每十万人口(人)** per 100000 population | | | |
| 大专及以上 Junior College and Above | 3611 | 8930 | 10735 |
| 高中和中专 Senior Secondary and Secondary Technical School | 11146 | 14032 | 15551 |
| 初中 Junior Secondary School | 33961 | 38788 | 37393 |
| 小学 Primary School | 35701 | 26779 | 24446 |
| **文盲率(%)** Illiterate Rate(%) | **6.7** | **4.1** | **4.9** |

资料来源:《中国统计年鉴》。Source: China Statistical Yearbook.

## 国内生产总值和财政收支

Gross Domestic Products,Government Revenues and Expenditures

| 年份 Year | 国民总收入(亿元) Gross National Income (100 Million Yuan) | 国内生产总值(亿元) GDP (100 Million Yuan) | 人均国内生产总值(元) GDP per Capita (Yuan) | 财政收入(亿元) Governmen Revenue (100 Million Yuan) | 财政支出(亿元) Governmen Expenditu (100 Million Yuan) |
|---|---|---|---|---|---|
| 2010 | 407138 | 408903 | 30567 | 83102 | 89874 |
| 2011 | 479576 | 484124 | 36018 | 103874 | 109248 |
| 2012 | 532872 | 534123 | 39544 | 117254 | 125953 |
| 2013 | 583197 | 588019 | 43320 | 129210 | 140212 |
| 2014 | 634043 | 636139 | 46629 | 140370 | 151786 |
| 2015 | 673021 | 676708 | 49351 | 152217 | 175768 |

资料来源：《中国统计年鉴》《中国统计摘要》。下表同。Source: China Statistical Yearbook and China Statistical Abstract. The same for the table below.

## 居民消费价格与商品零售价格指数（上年=100）

Consumer Price and Retail Price Index（Preceding Year=100）

| 指标 Indictor | 2010 | 2011 | 2012 | 2013 | 2014 | 2015 |
|---|---|---|---|---|---|---|
| 居民消费价格指数 Consumer Price Index | 103.3 | 105.4 | 102.6 | 102.6 | 102.0 | 101.4 |
| #医疗保健 Health Care | 103.3 | 102.9 | 101.7 | 101.5 | 101.3 | — |
| #医疗保健服务 Health Care Services | 100.9 | 100.6 | 100.7 | 101.5 | 101.2 | — |
| 商品零售价格指数 Retail Price Index | 103.1 | 104.9 | 102.0 | 101.4 | 101.0 | 100.4 |
| 中药及中成药 Traditional Chinese Medicine and Patent Medicine | 111.1 | 112.1 | 104.9 | 103.3 | 103.0 | — |
| 西药 Chemical Medicines | 101.0 | 99.6 | 100.3 | 100.2 | 100.5 | — |